Andrea Schwarz

Wenn ich meinem Dunkel traue

Andrea Schwarz

Wenn ich meinem Dunkel traue

Auf der Suche nach Weihnachten

Herder Freiburg · Basel · Wien

Dritte Auflage

Satz: G. Scheydecker, Fotosetzerei, Freiburg im Breisgau
Herstellung: Freiburger Graphische Betriebe 1994
ISBN 3-451-23200-6

ICH MÖCHTE ALL DEN FREUNDEN
DANKE SAGEN, DIE MICH AUF
MEINEM WEG BEGLEITEN, MEINE
DUNKELHEITEN MIT MIR AUSHALTEN,
SICH VON DEM CHAOS IN MIR
NICHT ERSCHRECKEN LASSEN
UND DIE MIR MUT MACHEN,
BILDERN UND VISIONEN EINER
ANDEREN WIRKLICHKEIT ZU TRAUEN.

Trauen

Ich traue

meiner Sehnsucht
dem Hunger
der Liebe
den Träumen

meiner Einsamkeit
den Gefühlen
dem Dunkel
dem Licht

meinen Tränen
dem Lachen
der Wut
der Ohnmacht

meinen Fragen
den Zweifeln
den Hoffnungen
der Lust

meinem Suchen
der Verzweiflung
der Hoffnungslosigkeit
dem Anfang

ich traue
dem Leben

Gott

Auf der Suche nach Weihnachten

Als Kind war die Advents- und Weihnachtszeit wohl mit die schönste Jahreszeit für mich. Schon im November fing es an, wenn Mutti die Weihnachtsplätzchen backte. Ich schälte die Mandeln ab und durfte Teig ausstechen. Der Duft der ersten Weihnachtsplätzchen hing wie eine Verheißung in der Wohnung.
Ein erster Höhepunkt, der diese Zeit sozusagen offiziell eröffnete, war dann mein Namenstag am 30.11., der Tag des heiligen Andreas. Neben kleinen Geschenken gab es das „Andreasgeld". In der Stadt, in der wir wohnten, findet zu dieser Zeit der „Andreasmarkt" statt – und dort durfte ich das Geld dann ausgeben.
Jahrmarkt: Zuckerwatte und Thüringer Rostbratwurst, der Geruch nach Glühwein und gebrannten Mandeln, fröhliche Musik, kleine, zottige Ponys, Karussells und Auto-Scooter, Losbuden und Verkaufsstände – ich wußte gar nicht, wo ich zuerst hin sollte! Abends kamen wir todmüde nach Hause, durchgefroren und überwältigt von den vielen Eindrücken.
Recht schnell kam der Nikolaustag, an dem immer ein bunter Teller bereitstand. Und dann die wundersamen Wochen bis hin zum Weihnachtsfest, voller Spannung, ob das Christkind auch das Gewünschte bringen wird, voller Geheimnisse und Basteleien. Manchmal, wenn ich das alles gar nicht mehr aushielt, sagte ich zur Mutti: „Du, ich verrat Dir, was Du zu Weihnachten von mir bekommst – aber Du mußt es wieder vergessen!". Sie ver-

sprach es, und ich flüsterte es ihr ganz leise ins Ohr. Und sie hat es tatsächlich auch immer wieder „vergessen".
Adventskalender und die Kerzen am Adventskranz waren treue Begleiter in diesen Tagen – und schließlich die ersten Vorbereitungen für das Weihnachtsfest. Vati hatte einen Tannenbaum gekauft, der stand oben auf dem Speicher, weil es dort kühl und trocken war. Schließlich wurde der Weihnachtskarton hervorgeholt: Kugeln und Lametta, Engelshaar und die Christbaumspitze. Ein kleiner Tisch wurde freigeräumt, auf dem die Krippe aufgebaut wurde. Die letzten Nächte vor dem Fest konnte ich fast nicht mehr schlafen – so aufgeregt war ich!
Heiligabend selbst lief dann nach einem festen Ritual ab. Mittags gab es einen Eintopf, dann war Mittagsschlaf angesagt, schließlich im Fernsehen: „Wir warten aufs Christkind!". Ohne „Peterchens Mondfahrt" und seinem Maikäfer Sumsemann wäre damals der Heiligabend kein richtiger „Heiligabend" gewesen.
Baden, umziehen, Abendessen, schließlich Bescherung. Ein Glöckchen klingelte, Vati las das Weihnachtsevangelium vor, ich spielte ein Lied auf der Blockflöte, mein Bruder trug ein Gedicht vor, alle zusammen sangen wir „Stille Nacht, heilige Nacht" – und dann endlich, endlich gings ans Auspacken.
Ich erinnere mich gerne an diese Zeiten zurück – und je mehr ich darüber nachdenke, umso mehr Einzelheiten fallen mir dazu ein.

Irgendwann verlor sich der Zauber dieses Festes. So, wie ich es als Kind erlebt habe, war es nie wieder. Je kritischer ich wurde, je mehr ich mich von zu Hause ablöste, umso schwieriger wurde das Fest für mich. Sicher, die Freude auf die Geschenke blieb – aber der Zauber war fort. Weihnachten war zur Pflicht geworden. Entscheidend war, ob man rechtzeitig alle Geschenke beieinander hatte. Zunehmend mehr ging mir der Verkaufsrummel auf die Nerven, die Pflicht-Weihnachtsgrüße, der Streß vor den Feiertagen, all das Verkitschte und Süßliche, was diese Tage begleitete. Damit konnte ich nichts mehr anfangen – und so habe ich mich damals wohl auch innerlich vom Weihnachtsfest verabschiedet.

Als ich mich neu diesem Gott des Lebens annäherte, entdeckte ich zuerst wieder das Osterfest. Die Feier der Kartage, Leiden, Tod und Sterben dieses Jesus von Nazareth, Auferstehung, Leben gegen den Tod – ich ahnte das Befreiende dieser Botschaft, da waren Erfahrungen mit verbunden, die ich aus meinem Alltag her kannte. Da gibt es Tod und Auferstehung, Leiden und Verzweiflung, Grabesruhe und österliche Freude.

Von diesen Erfahrungen des Osterfestes her kommmend erwachte mein Interesse an Weihnachten neu. Es konnte doch nicht sein, daß das alles war: Entzauberung und Geschäftemacherei, Streß und Süßlichkeit, „frohe Weihnachten!“ und Micky Maus, als Weihnachtsmann verkleidet.
So habe ich mich auf die Suche nach der eigentlichen Botschaft dieser Advents- und Weihnachtstage begeben. Dabei habe ich viel, für mich Überraschendes entdeckt und gefunden. Die Geburt dieses Kindes, das Fest der Menschwerdung, hat für mich eine neue Radikalität und Existentialität mit sich gebracht, die mich unruhig macht und zugleich froh auf eine andere Art und Weise. Wörter, altvertraut wie Sehnsucht und Erwartung, haben einen neuen Klang bekommen. Ich habe Symbole für mich neu entdeckt und ahne etwas von einem ganz anderen Zauber, der mich in seinen Bann zieht.

Auf dieser Suche nach Weihnachten habe ich erfahren, daß ich Mensch sein darf. Und Mensch sein, das heißt immer auch, dem Leben zu trauen, mit all seinem Licht und all seinem Dunkel.

Viel
leicht

Ich bin der Weg, …
Joh 14, 6

Eine Verheißung
in den Ohren
einen Stern
vor Augen
meine Gaben
in den Händen

mache ich mich auf

den Weg

und weiß nicht

wo ich ankommen werde

Das Dunkel aushalten

Ich kann mich noch gut an diesen Nachmittag erinnern: an einem Dezembertag saß ich mit einigen kirchlichen Mitarbeitern zusammen. Sie erzählten von der belastenden und arbeitsintensiven Zeit des Adventes in ihren Gemeinden: Nikolausfeiern im Kindergarten und beim Frauenkreis, Roratemessen, Frühschicht, Weihnachtsgrüße, Geschenke besorgen, ... die Mitarbeiter wußten schon gar nicht mehr, wo ihnen vor lauter Arbeit der Kopf steht. Ich hörte ruhig zu – es mußte wohl zuerst alles einmal heraus.

Dann aber, als der Gesprächsfluß ein wenig nachließ, fragte ich behutsam: Und, was bedeutet Advent für Euch ganz persönlich? Betroffenes Schweigen breitete sich aus – sie schauten mich hilflos an. Diese hauptamtlichen Mitarbeiter „organisierten" für andere den Advent und fielen dabei doch selbst ins Leere. Ratlosigkeit stand im Raum, Ohnmacht, Hilflosigkeit, die Ahnung, das Wesentliche verfehlt zu haben.

Draußen dämmerte es bereits, wir schalteten das Licht nicht an – ließen das Dunkel zu, das uns plötzlich erfaßt hatte. Plötzlich spürte ich: Genau das ist Advent! Jetzt, hier geschieht es! Mitten im Dunkel beieinander sitzen, hilflos, ohnmächtig, schweigend – und dieses Dunkel aushalten. Keiner stand auf, um zu gehen, keiner schaltete das Licht an, keiner zerstörte das hilflose Schweigen mit einem Scherz, einem leichten Wort. Miteinander hielten wir das Dunkel, die Leere, das Schweigen aus.

Dieses Aushalten ist der erste Schritt zum Losgehen. Erst in der Dunkelheit kann die Sehnsucht in mir wachsen, kann so groß werden, daß sie die Kraft zum Aufbruch zeugt. Das hört sich nach Passivität an, ist aber in Wirklichkeit ein ausgesprochen aktiver Prozeß. Leichter wäre es, vor diesem Dunkel in irgendwelche Aktivitäten zu fliehen, die Leere mit Terminen, Verabredungen, Projekten zu überdecken, künstliche Lichter anzuschalten, die das Dunkel vertreiben sollen.
Aushalten, loslassen, zulassen – das kann soviel Kraft kosten, daß es mich an die Grenzen meiner Möglichkeiten bringt und sie vielleicht sogar übersteigt. Aber erst aus einem solchen Annehmen der Situation heraus, einem Akzeptieren meines eigenen Dunkels, einer Versöhnung mit meinen Schwächen und Defiziten, kann Aufbruch, kann Veränderung geschehen.

An jenem Nachmittag ahnten wir, daß wir uns voll Sehnsucht neu auf die Suche, auf den Weg würden machen müssen, wenn sich Weihnachten für uns persönlich ereignen soll.

Ich finde den Gedanken tröstlich, daß wir uns bei dieser Suche auch biblisch in guter Gesellschaft befinden: Magier, nur einen Stern vor Augen, brechen auf, suchen einen König und finden ein Kind in einem Stall; Hirten, nur eine Aufforderung in den Ohren, gehen los, lassen das Vertraute im Stich, und begegnen einer anderen Welt.

Vielleicht werden auch wir bei dieser Suche etwas finden, was wir nicht erwartet haben.

Not
wendig

Hinabsteigen

Stufe
um
Stufe

ins
Dunkel
hinein

kein Boden
unter den Füßen

kein Halt
für die Hand

die Kälte
das Grauen spüren

    und

    keine Kerze
    anzünden

Ins Dunkel fallen …

Ein früher Novemberabend, ich bin zuhause. Tagsüber wollte es nicht hell werden, die zwei Gespräche, die ich heute führte, haben mich sehr angestrengt. Ich sitze an meinem Schreibtisch, habe die kleine Kerze angezündet, im Hintergrund Musik.

Ich fühle mich müde, aber von einer solchen Müdigkeit, die der Schlaf nicht stillen kann. Ich bin lustlos, obwohl soviel Arbeit zu erledigen wäre. Ich sitze da und warte, warte darauf, daß irgendetwas geschieht. Ich weiß noch nicht einmal, worauf ich warte – einen Anruf fände ich jetzt eher lästig, Besuch eher mühsam. Nein, es ist wohl nichts, das von außen kommt, worauf ich warte. Da ist etwas in mir – und es drängt zum Leben, will gelebt sein. Jetzt etwas anderes zu tun, dies zu überdecken, wäre Verrat an mir selbst. Und gleichzeitig habe ich Angst vor dem, was da in mir ist, habe ich Angst vor dem Dunkel …

Ich selbst kann nichts, aber auch absolut nichts daran tun, daß dieses „Irgendetwas" in mir geschieht. Ich kann nur dasitzen und warten, muß die Leere, die Müdigkeit zulassen, darf nicht in billige Aktivitäten flüchten.

Ich fühle mich gelähmt, kraftlos, handlungsunfähig. Ich kann nur noch sein, mich wehrlos in diese Stimmung hineingeben. Ich ahne darum, daß irgendetwas geschehen wird – wenn ich auch nicht weiß, was, wann und wie. Voller Sehnsucht warte ich, horchend, hoffend, schauend. Ich suche nach den kleinsten Zeichen der Veränderung –

und finde doch nur Leere. Fragen tauchen in mir auf, aber wem soll ich sie stellen?
Ich zögere – wenn jetzt jemand hier wäre und fragen würde, Zeit zum Zuhören hätte, mich in den Arm nehmen würde, vielleicht könnte ich dann ganz tastend suchen nach dem, was in mir ist, es zulassen, mich vielleicht auch davon überwältigen lassen. Es ist niemand da, ich bin ganz alleine mit mir …
Da ist soviel Sehnsucht in mir – und zugleich dieses Wissen um Unerfüllbarkeit … Manchmal zerreißt mich diese Spannung schier. Da halte ich all diese Lebendigkeit fast nicht aus – und spüre, daß genau dieses nicht-mehr-aushalten können wiederum zur Lebendigkeit gehört.
Es zerreißt mich – herausgefordert zum Leben leide ich zugleich daran. Ich kann und will nicht mehr. Ich will endlich meine Ruhe haben.
Da ist eine ungeheure Sehnsucht in mir, eine Sehnsucht, die kein Gesicht, keinen Namen hat. Und in den kurzen Momenten, wo sie Gesicht und Namen bekommt, weiß ich schon wieder, das stimmt so nicht …
Aber wo soll ich denn hin mit dieser Sehnsucht??
Sie fällt ins Leere, ins Dunkle, ins Namenlose – und ich falle mit ins Leere, Dunkle, Namenlose hinein …
So bleibe ich stumm und warte voll Sehnsucht – aber ich bleibe …

Ich spüre es wachsen

Aufbäumen
um nicht
ins Dunkel
zu fallen

mich wehren
um nicht
im Dunkel
unterzugehen

mich ergeben
und nicht länger
dem Dunkel
widerstehen

bedingungslos
lassen
dunkel
sein

nichts
mehr
wollen

damit
Neues
werden
kann

Hiob 1992

Im Wachsaal der Psychiatrie
geschlossene Abteilung
vollgepumpt mit Medikamenten
die Schnitte an den
Handgelenken schmerzen noch
ich hab's schon wieder nicht geschafft
nicht mal das kann ich
sie schützen mich
vor mir selbst
sie trauen mir nicht
ab und an ein Arzt
der vieles fragt
und doch nichts versteht
der Pfleger redet mir gut zu
ich soll doch ein bißchen was essen
aber ich will nicht
ich will überhaupt nichts mehr
aber nicht mal das
kann ich

Asylantenwohnheim
am Rande der Stadt
ein Bett ein Tisch
ein Stuhl drei Hemden
zwei Hosen eine Jacke
kein Geld keine Arbeit
Angst und Heimweh

draußen die Menschen
flüstern und schreien
ich schalte das Licht nicht an
schaue hinter der Gardine hervor
da!
ein Knall –
eine Flamme –
Feuer!!

die Zelle ist naß und dunkel
ich weiß nicht mehr
wie lange sie mich hier schon
festhalten
die Glieder schmerzen
ich bin hungrig
Schritte auf dem Gang
gehen vorbei
ich atme auf
noch einmal hätte ich es
nicht durchgehalten
das grelle Licht
der zerreißende Schmerz
der Elektroschocks
auf der nackten Haut
ihr Gelächter
und ihre Gewißheit

ein Brief
wenige Zeilen
Schluß gemacht
eine Welt bricht zusammen
ich liebe dich doch
du kannst mich nicht einfach
verlassen

ich soll dich
nie wieder sehen
nie mehr dein Lachen
deine Stimme hören

die vernichtende Nachricht
HIV – positiv
ich ahnte es und
will es doch nicht wahrhaben
wie lange bleibt mir
Schock
Ohnmacht
Ratlosigkeit
Wut
Trauer
und jetzt?

Intensivstation
blaß liegst du da
mit geschlossenen Augen
deine Arme an Schläuchen
deren Zweck ich nicht kenne
auf dem Monitor schlägt
dein Puls kaum sichtbar
Schwestern huschen herein
ein Arzt murmelt Unverständliches
noch eine Spritze
ich halte behutsam deine Hand
es darf nicht sein

Vielleicht ist Gott nicht bei denen
die Antworten haben
sondern bei denen
die Frage Klage Protest sind

Wenn der Tag verweht und die Schatten wachsen

Variation zum alttestamentlichen „Hohen Lied"

Das Dunkel
umhüllt mich
endlos
fließt die Zeit dahin

Des Nachts auf meinem Lager
suchte ich ihn
und fand ihn nicht

sehnsüchtig
hoffen
schauen
horchen

Wenn ihr ihn findet
sagt ihm
ich bin krank vor Sehnsucht

Voll Verlangen
und doch kraftlos
mich dem
Dunkel überlassen

Ich schlief
doch mein Herz war wach
horch, es klopft

das Dunkel aushalten
bleiben in der Leere
offen mit allen Sinnen

Aufstehen will ich
die Stadt durchstreifen
die Gassen und Plätze
habt ihr ihn gesehen?

der Unruhe meines Herzens folgen
den Bildern meiner Träume
dem Hoffen meiner Seele

weckt nicht die Liebe
bis sie selber sich regt

noch einmal aufstehen
noch einmal aufbrechen
noch einmal das Leben suchen

Steh auf, meine Freundin
meine Schöne, komm doch
denn vorbei ist der Winter
verrauscht der Regen
auf der Flur erscheinen die Blumen
die Zeit zum Singen ist da

Die *kursiv* gesetzten Zeilen sind sinngemäße Zitate aus dem „Hohen Lied" des Alten Testaments

Du

wenn meine Sprache
wortlos wird

und die Bilder
in mir verblassen

wenn mich der Mut
verläßt

und die Kraft
verbraucht ist

wenn mich
das Dunkel überfällt

und ich
nur noch Sehnsucht bin

bleibt

der Schrei
nach Leben

Das Licht in der Dunkelheit

Um allen zu leuchten
die in Finsternis sitzen
und im Schatten des Todes
Lk 1,79a

Wenn ich im Dunkeln bin
und keinem dafür
die Schuld zuweise

wenn ich das Dunkel zulasse
und nicht davor
fliehe

wenn ich das Dunkel aushalte
und dabei die Hoffnung
nicht verliere

wenn ich das Dunkel lebe
und trotzdem die Liebe
leben lasse

wenn ich das Dunkel achte
weil ich Teil
des Dunkels bin

wenn ich mich in das Dunkel
hineinbegebe
aus Mut zum Leben

dann leuchtet
mitten im Dunkel
ein Licht
das den Weg weist

Von der Kraft des Wünschens

Wenn Menschen vom Dunkel umfangen sind, scheinen sie oft kraft- und antriebslos zu sein. Meist aber täuscht dieser Eindruck. Selbst im größten Unglück, in tiefster Dunkelheit, haben Menschen in aller Regel noch ein Bild, eine Ahnung davon, wie es denn sein könnte, wenn es all dieses Leid nicht mehr gäbe. Wenn sich ein solches Ahnen auch vielleicht nur in der resignativen Aussage „Wenn doch nur erst alles vorbei wäre!" zeigen mag – trotzdem. Es gibt noch eine Vorstellung davon, wie es denn über den jetzigen Zustand hinaus noch sein könnte. Wirklich resigniert hat erst der, der keine Wünsche mehr hat. Und solange ein Mensch sich etwas wünschen kann, solange ist auch noch Kraft in ihm.

Advent ist eine Zeit des Wünschens, eine Zeit, in der man Wünsche haben und sie auch äußern darf. Das haben wir schon als Kinder gelernt – und es begleitet uns auch noch heute. Aber so einfach ist das manchmal mit dem Wünschen gar nicht.

Davon weiß schon ein altes Märchen zu erzählen: Da kommt überraschend eine Fee zu einem älteren Ehepaar und eröffnet ihnen, daß sie drei Wünsche frei hätten. Sehr spontan sagt die Frau den Gedanken, den sie gerade im Kopf hatte, bevor die Fee kam: „Ach, ich hätte so gerne eine Bratwurst mit Kartoffelbrei!" – und, kaum hast du dich versehen, steht auch schon ein Teller mit der Wurst und dem Kartoffelbrei vor ihr. Der Mann, wütend darüber, wie die Frau den ersten Wunsch regelrecht verschleudert hat, sagt zornig und wohl etwas unüberlegt: „Ach, würde doch die Wurst an deiner Nase hängen!“ – und, kaum ausgesprochen, hängt die Wurst auch schon tatsächlich an der Nase seiner Frau. Den beiden bleibt nichts anderes übrig, als den dritten Wunsch dafür einzusetzen, die Wurst von der Nase wieder wegzuzaubern – und so haben sie ihre drei Wünsche leichtfertig vertan.

Dies ist eine Botschaft dieser und vieler anderer Märchen: Da kommt jemand, mitten in meinen Alltag hinein, und sagt: Du hast drei Wünsche frei. Gelegentlich brauche ich einen Anstoß, den „Kick“ von außen, um mich überhaupt erst wieder auf die Kraft des Wünschens zurückzubesinnen.

Richtig wünschen zu können aber ist eine Kunst, die wir Erwachsenen oft verlernt haben. Und es würde sich lohnen, hier wieder einmal bei den Kindern in die Lehre zu gehen. Die können das noch: kraftvoll wünschen und sehnsüchtig hoffen, daß der Wunsch in Erfüllung geht. Wir Großen haben uns manchmal schon so mit dem Alltag und seinen Gegebenheiten arrangiert, daß wir gar nicht mehr auf die Idee kommen, uns noch etwas zu wünschen.

Man darf sich etwas wünschen – das ist zutiefst christlich und menschlich. Aber, und auch dies ist eine Botschaft dieses Märchens: Es gibt solche und solche Wünsche. Natürlich kann ich mir das Feuerzeug, das Buch, den Pullover wünschen, und möglicherweise liegt das dann auch auf dem Gabentisch – aber brauche ich das wirklich? Oder bleibt nicht doch trotz vieler Geschenke und erfüllter Wünsche manchmal eine seltsame Leere zurück? Stillt das Gewünschte meine Sehnsucht? Die Frau und der Mann in dem Märchen geben ihren spontanen Bedürfnissen nach, als die Fee sie nach ihren Wünschen fragt – sehr zufrieden dürften sie selbst mit der Erfüllung dieser Wünsche im nachhinein nicht gewesen sein.

Sich etwas zu wünschen, das ist mehr als nur etwas zu benennen, was ich geschenkt bekommen möchte, das ist mehr als ein momentanes Bedürfnis zu stillen. Kraftvolle Wünsche kommen aus der Tiefe und entspringen einer Sehnsucht, die zugleich das Bild einer anderen Wirklichkeit zeigt.

Wenn ich solche Wünsche bei mir entdecken will, dann muß ich zunächst einmal auf mein Leben genauer hinschauen. Da gibt es Dunkelheiten, da sind Tränen und Leere, da ist Gebrochenheit, nicht gelebtes Leben. Indem ich mich diesen Dunkelheiten stelle, kann mir bewußt werden, unter welchem Mangel ich eigentlich wirklich leide: ein Mangel an Beziehung und Freundschaft, ein Mangel an Sinnerfüllung, ein Mangel an Möglichkeiten, mir selbst zu begegnen, ein Mangel an Gott, ein Mangel an Lebendigkeit. Aus einem solchen Ahnen oder Wissen um das Dunkle in mir wird dann die Sehnsucht wachsen, eine tiefe Sehnsucht, die mich unruhig macht und umhertreibt. Ich habe Sehnsucht, ja ich bin Sehnsucht – das ist Wünschen.

Meine Sehnsucht malt Bilder einer anderen Wirklichkeit. Ich stelle mir vor, wie es denn besser, schöner, lebendiger sein könnte – und bringe dies durch meinen Wunsch in Worte. Jeder Wunsch erzählt damit gleichzeitig vom Dunkel in mir, von der daraus erwachenden Sehnsucht und von einer anderen Wirklichkeit – und in dieser Spannung zwischen Realität und Vision kann das Leben wachsen.

Solche Wünsche sind kraftvoll, sie erzeugen in mir selbst Energie, weil sie sozusagen mit „Sehnsucht aufgeladen“ sind. Sie wirken auf mich selbst zurück, weil ich mich meinem Dunkel stelle, mich mit der Realität allein nicht abfinden will, weil ich mir anderes, besseres vorstellen kann. Und bereits das verändert mich.

In mir selbst entsteht ein neues Bild einer anderen Wirklichkeit. Ein solches Bild kann mir dabei helfen, die eigenen Schritte an diesem Ziel auszurichten – ich ahne, wo ich hin möchte, und deshalb läßt sich beurteilen, ob ein bestimmter Schritt, eine Handlung, eine Entscheidung zielfördernd oder zielhemmend ist.

Wünsche, die einer tiefen Sehnsucht entspringen, tragen Kraft in sich – und vielleicht ist gerade deshalb in vielen Märchen die Zahl der Wünsche auf drei begrenzt: Es gilt, die Kräfte zu zentrieren, sich nicht zu verzetteln, Ordnung in meine Wünsche zu bringen.

Diese Kraft, die in mir liegt, kann ich leichtfertig vertun, indem ich meinen spontanen Bedürfnissen nachgebe, ohne dabei auf meine Situation und das, was ich wirklich brauche, hinzuschauen. Ich kann diese Energie aber auch kraftvoll einsetzen, indem ich das Dunkel in mir annehme, die Sehnsucht wachsen lasse und mit ganzem Herzen und voller Leidenschaft meinen Wünschen einen Namen gebe – und meine Schritte, mein Handeln genau daran ausrichte.

Zugegeben: es mag sein, daß allein deshalb meine Wünsche noch lange nicht erfüllt werden, meine Träume nicht Wirklichkeit werden. Das mag schmerzen und vielleicht sogar dazu verführen, sich lieber gar nichts mehr zu wünschen, als etwas, was dann nicht in Erfüllung geht. Es gibt Wünsche, die so unrealistisch sind, daß sie sozusagen überhaupt erst die Probleme verursachen. Vielleicht habe ich mir dann ein falsches Bild vor Augen gestellt: eine Beziehung, in der es keine Konflikte gibt, ein Leben ohne Sorgen und Probleme, eine Kirche, in der jeder jeden versteht. Erfüllt sich ein Wunsch auf Dauer

nicht, so wäre eine Überprüfung meines Bildes sicher angebracht und hilfreich.
Zum anderen aber muß es wohl auch im Leben eines jeden Menschen Wünsche geben, die unerfüllt bleiben, um nicht in eine satte Zufriedenheit abzurutschen. Erst die Unerfülltheit treibt mich vorwärts, meine Sehnsucht ist Grund und Anlaß, mich auf den Weg zu machen. Und käme diese Fee eines Tages einmal zu mir, so wüßte ich bereits meinen ersten Wunsch: nie wunschlos zu sein.
Advent ist die Zeit des Wünschens. Es ist eine Zeit, mich auf mich selbst zurückzubesinnen, Einkehr bei mir zu halten. Statt vorschnell Lichter anzuzünden, wäre es jetzt eher an der Zeit, sich den Dunkelheiten zu stellen und sie anzunehmen und auszuhalten. Dann kann daraus die Sehnsucht wachsen, die Sehnsucht nach einer anderen und besseren Welt. Eine solch tiefe Sehnsucht aber wird mich selbst nicht unberührt lassen, sie wird mich umtreiben, unruhig machen, bis ich schließlich selbst den Aufbruch wage, einen Aufbruch in das Ungewisse hinein, nur einen Stern vor Augen, eine Verheißung in den Ohren – das ist Advent.
Und das ist ein anderer Advent. Nicht die Jagd nach Geschenken in den Kaufhäusern ist gemeint, nicht das Schreiben ungezählter Pflichtweihnachtsgrüße, nicht der häusliche Weihnachtsputz, nicht die kraftzehrenden Vorbereitungen, damit alles möglichst schön und nett ist – nein. Das Dunkel aushalten, die Sehnsucht wachsen lassen, damit kraftvolle Visionen entstehen können, Visionen, wie wir sie in diesen Tagen auch in den offiziellen Kirchentexten immer wieder hören:

Dann wohnt der Wolf beim Lamm, der Panther liegt beim Böcklein. Kalb und Löwe weiden zusammen, ein kleiner Knabe kann sie hüten. Kuh und Bärin freunden sich an, ihre Jungen liegen beieinander. Der Löwe frißt Stroh wie das Rind. Der Säugling spielt vor dem Schlupfloch der Natter, das Kind streckt seine Hand in die Höhle der Schlange. Man tut nichts Böses mehr und begeht kein Verbrechen auf meinem ganzen heiligen Berg. Jes 11,6–9a

Gott

ich war einsam
und du hast mir
meine Einsamkeit
nicht genommen

ich war verzweifelt
und du hast mir
meine Verzweiflung
gelassen

ich habe nicht mehr
weiter gewußt
und du hast mir
keinen Weg aufgezeigt

ich habe an dir
gezweifelt
und du hast
mich zweifeln lassen

ich habe zu dir
geschrieen
und du hast
keine Antwort gegeben

mitten im Dunkel
warst du bei mir
und hast mich
ausgehalten

mitten im Dunkel
hast du mich berührt

und ich habe mich
berühren lassen

Warten in der Nacht

Mehr als die Wächter auf den Morgen
soll Israel harren auf den Herrn
Psalm 130

Die Stunden der Nacht
ziehen endlos dahin

das Dunkel
will nicht weichen

das Grauen
will nicht enden

die Nacht
stellt mich

ich kann nichts mehr
sehen

in mir ist
Dunkel

und die Angst
wächst

und schreit
und läßt mich frieren

Gott
laß es Morgen werden

die Nacht
ist schon zu lang

Erwarten ohne Erwartungen

Der Advent wird oft die „Zeit der Erwartung“ genannt. Und doch ist diese Zeit eher eine Zeit des „Erwartens“. Beide Wörter mögen ähnlich lauten, wollen aber doch etwas vollkommen Verschiedenes ausdrücken. Erwartung und Erwarten sind zweierlei, und es gilt, gerade in diesen Tagen, hier zu unterscheiden.

Viele Menschen haben eine feste Vorstellung davon, wie denn die Adventszeit und das Weihnachtsfest ablaufen sollen: eine stimmungsvolle Zeit, angenehme Überraschungen, freundlich gestimmte Menschen, ein bißchen Schnee zum Fest wär ja auch ganz schön, der Geschenkeeinkauf ist generalstabsmäßig vorgeplant, der 4. Advent ist für die Weihnachtspost reserviert, und am Heiligabend gibt es wieder, wie immer, Schäufele mit Kartoffelsalat – oder inzwischen vielleicht auch Räucherlachs und französisches Stangenweißbrot. Man hat sein Bild von diesen Tagen, dieser Zeit – und je nach Kindheitserinnerungen und nach Familientradition gibt es ganz einfach bestimmte Dinge, die dazu gehören. Und manche erste Meinungsverschiedenheit bei „Jungverheirateten“ in diesen Tagen mag daher kommen, daß einfach zwei unterschiedliche Weisen, die Advents- und Weihnachtstage zu gestalten, plötzlich aufeinandertreffen. Das sind *Erwartungen.* Sie reproduzieren Vergangenheit, wollen die Wiederholung bekannter Muster und Handlungen, sind sozusagen rückwärts orientiert.

Das Wort *„Erwarten“* aber ist nach vorne orientiert, ist offen für Neues und Unerwartetes, ist ein „Sein“, eine Einstellung, eine Haltung. Diese unterschiedlichen „Klänge“ erschließen sich gut an zwei ähnlichen und doch verschiedenen Sätzen. „Ich erwarte von Dir …“ wäre das eine – und der Satz ist rasch zu vervollständigen mit irgendwelchen Bildern und Vorstellungen, die jemand hat. „Ich erwarte von Dir, daß Du Dein Zimmer aufräumst, daß Du mir zuhörst, daß Du mich ernst nimmst, daß Du Rücksicht nimmst, …, daß Weihnachten ein schönes Fest sein soll.“ Ein solches Verständnis schreibt fest, meine Vorstellungen und Bilder sollen Wirklichkeit werden, genau so und so möge es bitte sein. Und dahinter verbergen sich eigentlich Forderungen.
Das andere Veständnis zeigt sich eher in dem Satz „Ich erwarte dich!“ – also nichts von Forderungen, die der andere zu erfüllen hat, sondern ein ganz offenes, liebendes „ich bin da, ich erwarte dich – egal, wann du kommst, wie du kommst, ich erwarte dich!“. Ist die erste Bedeutung dieses Wortes eher eine fordernde und geschlossene, so ist die zweite Bedeutung offen für das Unvorhergesehene, ist werbend, einladend.
Und mir scheint es, als ob viele Menschen *Erwartungen* an Gott haben, aber *ihn* selbst mögen sie eigentlich schon lange nicht mehr erwarten.
In diesen adventlichen Tagen ist mit dem Wort „Erwarten“ eigentlich genau diese zweite Bedeutung gemeint. Es geht nicht um das Reproduzieren bekannter Muster und Handlungen, sondern um die vorbehaltlose Offenheit für neue Entwicklungen und Ereignisse. Nicht der Blick zurück ist gefragt, sondern der Blick nach vorne. Ein solcher Blick aber weitet den Horizont, macht Lust zum Aufbruch, die Sehnsucht lockt. Der Blick zurück

dagegen läßt erstarren, will Altes festhalten, verhindert die Weiterentwicklung.

So verstanden, erschließt sich mir auch das Gleichnis der zehn Jungfrauen noch einmal ganz neu, das so gerne im Advent zitiert wird (Mt 25,1–13). Die fünf Jungfrauen, denen das Öl ausging, hatten Erwartungen – eine Hochzeit hat so und so abzulaufen, der Bräutigam hat gefälligst pünktlich zu sein, die anderen werden uns schon von ihrem Öl abgeben. Sie werden enttäuscht, d. h. sie müssen schmerzhaft von einem falschen Bild ihrer Vorstellung Abschied nehmen.
Die anderen fünf Jungfrauen sind erwartend – sie sind offen für das, was an dem Abend geschehen mag, sind sogar so sorglos, daß sie sich schlafen legen, weil sie für alle Fälle des Falles vorgesorgt haben, weil sie nichts festgeschrieben haben, weil sie kein fertiges Bild haben, wie das Ganze abzulaufen hat.
Deshalb würde es auch gar nichts nützen, wenn sie den anderen Jungfrauen von ihrem Öl abgeben würden – eine Haltung und Einstellung kann ich nicht einfach an andere weitergeben. Die anderen wollen das Öl, nicht aber die Haltung übernehmen. Das aber reicht nicht.
Die entscheidende Frage heißt: Habe ich Erwartungen oder bin ich Erwartung? Habe ich ein Bild davon, was in diesen Tagen zu geschehen hat oder bin ich offen dafür, wie sich Advent und Weihnachten in diesen Tagen neu in mir ereignen mag, was das Abenteuer der Menschwerdung jetzt für mich bedeutet? Wenn ich mein festes Bild vor Augen habe, dann werde ich ziemlich sicher enttäuscht werden, entweder weil es einfach anders sein wird oder gerade weil ich in meinem mir selbstgemachten Bild bestätigt werde – aber das kenne ich ja nun schon auch. Die Sehnsucht jedenfalls wird nicht gestillt.

Erwartend kann ich neugierig und gespannt sein, was diese Tage neu an Überraschung für mich bereit halten, erlebe die Erfahrungen, die ich mache, als Geschenk, lasse mich auf den Weg, das Leben, diesen Gott ein.
Maria hat eine solche Lebenseinstellung beispielhaft gelebt. Sie hat Abschied genommen von ihren Erwartungen, um erwartend zu sein, offen für das, was dieser Gott mit ihr und für sie wollte.

Dann kann Gott zur Welt kommen.

Meditation für eine Tulpenzwiebel

Eine Tulpenzwiebel
in meiner Hand
klein
eher unscheinbar
braune Schale
sie wirkt tot
und doch
ruht in ihr das Leben
lebt in ihr eine Blume

einpflanzen
mitten im kalten Winter
in dunkle Erde
voll Hoffnung
das sie Wurzeln schlägt
und wächst und blüht

hoffen wider alle
Hoffnungslosigkeit
das ist Advent:
die Hoffnung
auf das Leben
in die dunkle Kälte pflanzen

sorgfältig einen Ort
für diese Tulpenzwiebel
suchen
die Erde aufgraben

mir die Hände dreckig machen
zupacken

und dann
die Tulpenzwiebel
in die aufgebrochene Erde legen
mit Erde bedecken
dem Dunkel übergeben
der Kälte aussetzen
loslassen

vor meinen Augen
das Bild
einer blühenden Tulpe
im Frühling

und dann
warten
warten
warten

Warten
das heißt nicht
nichts zu tun
warten – das heißt
an meine Tulpenzwiebel zu denken
wird sie es schaffen
wird sie aus dem Dunkel wachsen
um eines Tages zu blühen?

warten
voll Sehnsucht sein
und doch die Realität nicht vergessen

meine Hoffnung kann scheitern
mein Traum wird nicht wahr

meine Erwartungen werden nicht erfüllt
die Sehnsucht nicht gestillt

ich kann diese Tulpenzwiebel
nicht zum Wachsen
und zum Blühen zwingen
hier
vor dieser unscheinbaren Zwiebel
mit der braunen Schale
endet meine Macht
ich kann hoffen
warten
an sie denken
aber ich kann nicht
für sie blühen
was ich tun konnte
habe ich getan

mit meiner Erwartung
diese Tulpenzwiebel
muß blühen
werde ich scheitern
damit verachte ich die Freiheit des Lebens
diese Blume kann sterben
bevor sie geblüht hat
sie hat das Recht dazu
es ist ihr Leben
nicht meines
sie braucht
meine Hoffnungen und Erwartungen
nicht zu erfüllen
sie ist nicht dazu da
um mich glücklich zu machen
sondern um ihren eigenen Weg zu gehen

Ich kann an sie denken
nach ihr schauen
ihr das geben
von dem ich meine
daß sie es braucht

und vielleicht muß
ich
den Winter aushalten
wenn ich im Frühjahr
eine Tulpe blühen sehen will

Vom Schenken und sich beschenken lassen

Die Geschwister meiner Eltern leben teilweise ziemlich weit entfernt. Als Kind habe ich mich deshalb immer auf Päckchen freuen können, die regelmäßig und pünktlich zu meinem Geburtstag und an Weihnachten ankamen. Das Auspacken war voll Spannung, die Neugier groß!
Nach dem Fest aber kam dann die lästige Arbeit: Ich mußte mich bedanken. Meine Mutter mußte mich oft mehrmals mahnen, bis ich schließlich seufzend das Buch, das ich gerade las, oder das Spiel, in das ich vertieft war, zur Seite legte, einen Schreibblock holte, und, die Zungenspitze zwischen den Zähnen, mich abmühte, einige Sätze des Dankes ordentlich und ohne Verschreiben aufs Papier zu bringen. Eine Tante hatte allein deswegen mein Herz im Sturm erobert, weil sie immer ausdrücklich dazuschrieb: „Du brauchst Dich nicht zu bedanken!“ – und da konnte auch meine Mutter nichts mehr dagegen sagen.
Es mag schon wichtig sein, daß man als Kind lernt, „dankeschön“ zu sagen – aber heute denke ich oft, daß diese Tante möglicherweise etwas von dem „Geheimnis des Schenkens“ erkannt hatte.
„Schenken“ wird oft auf ein „Geben und Nehmen“ reduziert, man schenkt, weil es ja schon immer so war, weil mir der andere zu meinem Geburtstag auch etwas geschenkt hat, um selbst etwas geschenkt zu bekommen. Und damit verraten wir das „Geheimnis des Schenkens“.

Schenken hat etwas mit Liebe zu tun – mit zweckloser Liebe. Aus meiner Freude am Leben heraus, aus meiner Freude am anderen, verschenke ich etwas, verschenke vielleicht sogar mich. Liebe aber rechnet nicht, Liebe gibt. Liebe schenkt und fragt nicht nach dem Dank. Die Überraschung des anderen, seine Freude, ist Dank genug. Dem anderen beim Auspacken zuschauen, seine Augen zu sehen, das mag dem Schenkenden oft sogar mehr Freude machen als dem Beschenkten selbst. In einem solchen Sinn mag das „Schenken" sogar ein durchaus eigennütziger „Vorgang" sein – indem ich den anderen beschenke, beschenke ich mich. Dann ist Schenken keine Last, sondern vielmehr reine Lust. Wenn das Schenken mühsam wird, stimmt irgendetwas nicht. Dann ist es möglicherweise zur Pflicht verkommen, statt aus der Liebe zu erwachsen.

Nicht der finanzielle Wert macht ein Geschenk wertvoll – sondern das Maß an Liebe, für das dieses Geschenk steht: Eine Kleinigkeit, nur wenige Pfennige wert, aber mühsam gesucht, nett eingepackt, aufmerksam auf den anderen und seine Situation abgestimmt.

In den letzten Jahren habe ich gelernt, daß die Form, wie eine solche Liebe ausgedrückt wird, unterschiedlich ist. Für den einen Freund, der an meinen Geburtstag denkt und mich anruft, ist dies aus seiner Situation heraus genausoviel wie für einen anderen, der stundenlang die Karlsruher Fußgängerzone mit ihren Läden durchstreift, um genau das für mich zu finden, was er im Kopf hat.

Jedes Geschenk ist nur in seiner Beziehung zum Schenkenden verstehbar. Und damit wird jedes Geschenk auch zu einer Aussage über denjenigen, der schenkt, über die Beziehung, in der er zu mir steht – und wird damit zu einer Aussage des Schenkenden über sich, über mich und über uns.

Deshalb mag auch so manches Mißtrauen Geschenken gegenüber durchaus angebracht sein: es gibt Geschenke, die „stimmen nicht", die hinterlassen beim Beschenkten ein ungutes Gefühl, weil sie etwas ausdrücken, was nur einseitig in der Beziehung vorkommen mag, weil sie kein Geschenk sind, sondern eher eine Form von Manipulation. Es gibt Geschenke, die etwas erschmeicheln wollen, die eine Funktion haben – und die deswegen nicht „ehrlich" sind. Sie kommen nicht aus der Liebe heraus, sondern aus der Berechnung. Und dann mag es auch noch die Geschenke geben, die geschenkt werden, um Dankbarkeit zurück zu bekommen, um sich jemanden zu verpflichten. Damit aber wird das Geschenk entwertet.

Denkbar ist aber auch, daß ein Geschenk, ehrlich und mit viel Liebe gesucht, nicht entsprechend gewürdigt wird. Auch das kann weh tun, kann verletzen – und auch dann stimmt möglicherweise irgendetwas in dieser Beziehung nicht. Kein Geschenk ist in sich „verstehbar", läßt sich also an objektiven Kriterien messen. Das Geschenk ist, in gutem wie im schlechten Sinne, Mittler zwischen zwei Menschen und ihrer jeweiligen Situation, ist Ausdruck ihrer jeweiligen Beziehung. Die Bedeutung eines Geschenkes kann ich nur erahnen, wenn ich den Schenkenden in den Blick nehme und zugleich überlege, wie der Schenkende mich sehen mag. Und erst dann ist verstehbar, warum ich manchmal, wenn mir ein Fläschchen Parfüm geschenkt wird, erfreut, dann aber auch wieder unwillig reagiere.

Das hört sich jetzt an, als ob Schenken so furchtbar schwierig sei. Es ist nicht schwieriger und nicht einfacher, als Menschen wirklich gern zu haben, sie zu lieben.

Schwierig mag es sein, zu einem bestimmten Termin etwas zu schenken – und dann kann es wirklich schnell in einen Geschenkestreß ausarten, kommt es zu diesen Pflichtgeschenken, die dem Schenkenden und dem Beschenkten keine Freude machen und den Witzzeichnern die Karikaturen über das nachweihnachtliche Umtauschen entlocken.

In meinem Freundeskreis entwickelt sich gerade eine ganz neue Tendenz, die ich sehr aufmerksam beobachte und nach Kräften unterstütze: man schreibt sich lieber drei Ansichtskarten das Jahr über verteilt, als einen Pflichtweihnachtsgruß. Im März habe ich noch das Weihnachtsgeschenk eines Freundes gut, dafür hat er jetzt schon sein Geburtstagsgeschenk, obwohl dieser Geburtstag erst in einigen Wochen sein wird. Vielleicht dreht es sich wirklich gar nicht so sehr um das „wann" als vielmehr um das „wie".

Die Feiertage in meinem Leben mache ich damit nicht ärmer, ganz im Gegenteil. Ich befreie sie von einem netten Beiwerk, das zwar schön ist, mich allzuoft aber auch von dem eigentlichen Sinn des Festes ablenkt. Mein Geburtstag ist für mich auch ein Tag des Innehaltens, des Bilanzziehens, des Ausschauhaltens – ein großes Fest, das ich tagelang vorbereiten müßte, würde mich davon eher abhalten. Der Jahreswechsel ist für mich wichtig, Weihnachten, Ostern ..., die Geschenke, die Glückwünsche sind Gesten, die Ausdruck des jeweiligen „Sinnes" sind. Ist aber der Sinn des Festes verloren, dann verlieren eigentlich auch die Geschenke und Glückwünsche ihren Sinn. Und andersherum: Wenn ich den Sinn für mich entdecke, dann mag die Lust am Schenken, am geheimnisvollen Herumkramen, Basteln und Verstecken, Schreiben und Anrufen, ganz von alleine kommen – dann drängt es mich, meine Freude und meine Nachdenklichkeit, meinen Jubel und mein Klagen an die Menschen weiterzugeben, die mir in diesem Moment nah sind. Zu-

gegeben – dies spricht eindeutig gegen die Frage: Habe ich allen zu Weihnachten geschrieben, denen ich hätte schreiben sollen, all denen, die mir letztes Jahr geschrieben haben – und werden sie meine Karte auch noch rechtzeitig zum Heiligabend bekommen?
Aber vielleicht ist es wirklich wichtiger, ob und wie ich Weihnachten für mich erlebe – Weihnachten geschieht nicht erst dann, wenn ich Glückwunschkarten verschicke und bekomme, schenke und beschenkt werde.
Mein Entschluß steht eigentlich fest – ich will den Sinn dieses Festes suchen. Und wenn sich daraus entsprechende Gesten und Formen ergeben, dann mag es so sein. Und ich will sorgsam sein auf das Schenken hin – ich möchte gerne ehrlich schenken.
Aber ich habe keine Lust mehr, vor lauter Formen und Gesten nicht mehr zum eigentlichen Inhalt zu kommen.

Kostbar

fast im Vorübergehen
– so scheint es –
schenkst du mir …

ja
was?

Stunden deines Lebens
eine Botschaft
Aussagen über dich
über uns
Vertrauen
Nacktheit

um die
Kostbarkeit
deines Geschenkes
für dich
kann ich nur ahnen

mich traf es
überraschend
läßt mich staunend
sprachlos
dankbar
den Moment erleben

und
ich verspreche dir:

all das
ganz sorgsam
zu behüten

Der Zauber des Advents

Die Wochen des Advents sind Wochen, in denen ich oft meine, in einer erhöhten „Sinnlichkeit“ zu leben, empfindsamer zu sein. Ich rieche mehr, ich höre anderes, ich schaue aus einem anderen Blickwinkel, bin behutsamer, nehme anders wahr, bin offener als sonst für Zeichen und Symbole.
Es liegt für mich eine Art von Zauber über diesen Wochen, den alle rauhe und harte Realität nicht durchbrechen kann – im Gegenteil: manchmal meine ich fast, daß dieser Zauber auch die brutale Wirklichkeit umfaßt und verändert. Von diesen Tagen und Wochen scheint etwas auszugehen, das auch die hartgesottensten Herzen „aufweicht“.
Oder sind es womöglich doch nur die langen Nächte der Dunkelheit, die die Sehnsucht nach dem Licht wachsen lassen?
Jedenfalls – ich weiß nicht, warum oder wozu es bei mir so ist, aber es ist so: zur Adventszeit gehören für mich unabdingbar Mandarinen, Nüsse und Weihnachtsplätzchen, Kerzen und Geschenkpapierrascheln, der Duft von Tannennadeln und das leise, fast unhörbare Geräusch fallenden Schnees, ich schreibe Karten mit dem Gruß „Frohe Weihnacht!“, bekomme Weihnachtsgrüße – diese Wochen sind für mich irgendwie anders. Manchmal kommt es mir vor, als klinge da leise, ganz im Hintergrund, eine Melodie, die verzaubert, die mich vielleicht ein wenig neu zum Kind werden läßt, die mich das Stau-

nen, das Offen-Sein lehrt – Advent muß ich hören, fühlen, sehen, riechen, empfinden, greifen können …
Mag sein, daß ich gerade in diesen eher dunklen Wochen, in denen „draußen" so wenig „Sichtbares" geschieht, meine Aufmerksamkeit eher nach innen, auf mich hin ausrichte. Die vielfältigen Sinneseindrücke von außen nehmen ab, um den Eindrücken in mir Platz und Raum zu schaffen. Bei aller Hektik – so verlangsamt sich doch das Leben in mir. Advent und Weihnachten kann bei mir nicht nur mit dem Kopf stattfinden – ich brauche auch etwas für Herz und Hand. Manche mögen das sentimental nennen, für mich heißt es Sinnlichkeit. Und vielleicht ist es gerade eine solche Zeit, in der man, im Sinne von Saint-Exupéry, mit dem „Herzen gut sieht".
Daß sich die Werbung und die Wirtschaft genau dieses zu ihrem eigenen Nutzen zugute macht, kann man ihr fast nicht vorwerfen – offen bleibt dagegen die Frage, ob ich vor lauter Herz und Hand nicht manchmal vielleicht auch den Kopf ausschalte … ob ich nicht unbewußt so sehr wieder Kind sein will, daß ich in kindliche Verhaltensweisen zurückfalle – und mein Erwachsen-Sein auf Urlaub schicke.
Es ist ein Zauber, von dem diese Tage und Nächte vor der Wintersonnenwende umgeben sind – und ich darf mich in diesen Zauber hineinbegeben, mich verzaubern lassen, wenn ich zugleich nicht die Radikalität und Existentialität dieser Tage und ihrer Botschaft dabei vergesse.

Vom Pinguin an der Weihnachtskrippe

Wenn mir etwas wichtig ist, wirklich wichtig, dann versuche ich, einem solchen Eindruck auch einen Ausdruck zu verschaffen, dann versuche ich, Zeichen und Symbole dafür zu finden. Das kann eine Muschel sein, die mich an schöne Urlaubstage am Meer erinnern soll, das kann ein Brief, eine Karte an einen Freund sein, das kann ein Foto auf meinem Bücherregal sein, oder vielleicht auch ein holzgeschnitzter Pinguin. Diese Zeichen sind mir wichtig, sie erzählen mir eine Geschichte, helfen mir, mich zu erinnern – auch wenn sie oft für einen Fremden vollkommen bedeutungslos sind.

Die Tage des Adventes sind voller Zeichen, die eine Botschaft für uns haben, die uns erinnern wollen. Oft aber verstehen wir ihre Botschaft schon gar nicht mehr, wir sehen nur noch die Form, ohne eine Beziehung zum Inhalt zu haben. Es wäre schade, wenn deshalb solche Gesten und Symbole aussterben würden. Da gilt es, sich neu auf die Suche nach der eigentlichen Aussage zu machen. Ist erst die Ausdrucksform verschwunden, wird möglicherweise damit auch eine wichtige Botschaft aus unserem Leben verschwinden. Das Tischgebet ist ein Beispiel dafür: Es will uns daran erinnern, daß es eben nicht selbstverständlich ist, daß wir etwas zu essen haben. Dort, wo es zur lästigen Pflicht verkommt, ohne daß *diese* Botschaft gehört wird, ist es kein Wunder, wenn eine solche „Formsache" einfach abgeschafft wird.

Deshalb gilt es gerade in diesen Tagen des Advents, sorgsam mit den Zeichen und Symbolen umzugehen – und dort, wo sie für uns „leer“ geworden sind, uns neu auf die Suche nach ihrer Bedeutung zu machen – oder den Inhalt in neue Ausdrucksformen zu kleiden.
Ein Kerzengesteck ist nun einmal kein Adventskranz. Der Kranz als Zeichen der Ewigkeit, als Anfang und Ende, die ineinander übergehen, aus dem immergrünen Tannenreisig gebunden, mit den vier Kerzen, die nach und nach angezündet werden, will u. a. das Wachsen des Lichtes symbolisieren, das in die Dunkelheit kommt. Eine einzelne Kerze in einem Gesteck kann zwar leuchten und auch so Licht in die Dunkelheit bringen – aber vom Zunehmen des Lichtes kann sie nicht mehr erzählen.
Die Barbara-Zweige sind ein aussterbendes Symbol. Und dabei ist doch gerade ihre Botschaft eine wichtige Erinnerung. Obstbaumzweige, am 4. Dezember, dem Namenstag der heiligen Barbara, geschnitten, in eine Vase mit Wasser und in ein warmes Zimmer gestellt, blühen zum Weihnachtsfest. Aus dem Tod wächst das Leben, Weihnachten ist das Fest, an dem Neues aufbricht und Leben blüht.
Die Geschenke wollen an die Gaben der Sterndeuter erinnern – und das ganze Geheimnisvolle drumherum ist die Aussage des „schon und noch nicht“. Da wartet eine Überraschung auf mich, ich darf gespannt sein, packe das Päckchen behutsam aus, versuche, die Schnur zu lösen, ohne den Knoten zu zerschneiden. Deshalb ist die Frage „Was wünschst du dir zu Weihnachten?“ zwar durchaus praktisch orientiert, aber sie zerstört den Zauber des Schenkens.
Andererseits mag es Ereignisse in meinem Leben geben, die von den herkömmlich-traditionellen Formen nicht

aufgegriffen werden. Da muß ich mich auf die Suche nach neuen Symbolen und Zeichen machen, in denen ich das, was mir wichtig ist, ausdrücken kann.
Und warum sollte dann nicht ein Pinguin an einer Holzkrippe stehen oder ein Maulwurf auf einer Osterkerze auftauchen?

Wundersame Zeit

Zweige
ragen
schwarz
bizarr
in einen
kaltgrauen
Himmel

in die Wärme
geholt
ins Wasser
gestellt

und aus dem Dunkel
wachsen Blüten

Brachzeit

dunkle Äste
starren gen Himmel
verschwinden im Nebel
stemmen sich gegen die Kälte
biegen und brechen
unter der Last des Schnees
schlafen lange Stunden
ihrer Sehnsucht entgegen
träumen vom Blühen und
Frucht bringen

und
in den Wurzeln
wächst der Frühling

Die Botschaft des Adventskalenders

Vor einigen Jahren habe ich für mich neu den Adventskalender als Begleiter durch diese Tage entdeckt. Lange Zeit fühlte ich mich „zu erwachsen“ für so etwas, hätte es weit von mir gewiesen, mir einen Adventskalender in die Wohnung zu hängen. Und leicht schmunzelnd hätte ich mich höchstens an eine Begebenheit aus meinen Kindertagen erinnert: Mein Bruder und ich hatten beide einen Adventskalender geschenkt bekommen, der mit Schokoladenfigürchen gefüllt war. An einem Vormittag, als er in der Schule war, nutzte ich die Gelegenheit und futterte *seinen* Adventskalender leer. Meinen dagegen ließ ich ungeschoren – die Idee, für jeden Tag etwas zu haben, leuchtete mir wohl auch damals schon ein. An die Reaktionen meiner Eltern und meines Bruders erinnere ich mich nicht mehr so genau – das wird wohl seinen Grund haben – aber ich glaube, wir mußten dann die Kalender untereinander tauschen. Das ist lange her, und ich staune eigentlich, daß sich diese Szene so in mir festgesetzt hat.

Heute sind mir Adventskalender Wegbegleiter durch eine Zeit der dunklen Wochen. Ich freue mich daran, wie im Laufe der Tage, durch jedes Öffnen eines Türchens, ein vordergründiges Bild durch kleine Bildchen, die im wahrsten Sinne des Wortes „dahinter“ liegen, bereichert wird. Es ist eine Art Entdeckungsfahrt, was mag noch alles dahinter verborgen sein? Aus einem großen Bild wird ein Rahmen, in dem viele kleine Bilder aufscheinen. Und genau das scheint mir eine wichtige Botschaft zu sein, die der Adventskalender mir sagen will: Es gibt ein vordergründiges Bild, das in sich geschlossen und schön erscheinen mag. Wenn ich mich aber auf die Suche begebe, auf die Suche nach dem Leben, die Suche bei einem Menschen, die Suche in mir, mir die Mühe mache, Türen und Türchen behutsam zu öffnen, dann bekommt dieses große, scheinbar in sich geschlossene Bild, plötzlich neue Facetten, andere Blickwinkel ergeben sich, machen das Ganze bunter.

Manchmal frage ich mich am Morgen, wenn ich an meinem Adventskalender das entsprechende Türchen aufgemacht habe: Welche Tür des Lebens, welche Tür bei einem Menschen, welche Tür bei mir werde ich heute öffnen? Der Adventskalender lehrt mich, daß ich manchmal diese Türen wirklich erst suchen muß. Da ist das vordergründige Bild so mächtig, daß ich die kleine Tür mit der entsprechenden Zahl gar nicht finde.

Und: die Türen haben ihre ganz eigene Reihenfolge. Es ist reizvoll für mich, daß ich über 23 Tage hinweg die Tür mit der „24" sehe – und doch nicht öffnen „darf". Es gilt, einen Schritt nach dem anderen zu tun, nicht den vierten Schritt vor dem zweiten. Das bedarf der Geduld, das Aushalten der Spannung, der Disziplin, der Genügsamkeit, mich mit dem zufrieden zu geben, was *dieser* Tag für mich bereithält.

„Macht hoch die Tür, die Tor macht weit!", so heißt es in einem schönen alten Adventslied. Ich will diese Tage dazu nutzen, Türen in mir aufzumachen, als Einladung für Gott und die Menschen.

Wintermorgen

In der Nacht hatte ich schlecht geschlafen, die Spannung, die das Seminar mit sich brachte, wirkte sich bis in den Schlaf hinaus aus. Jede Stunde wachte ich auf, schaute auf die Uhr, draußen war es stockdunkel, noch immer nicht Morgen! – um mich seufzend wieder umzudrehen, die Bettdecke über den Kopf ziehend.
Als ich wieder einmal aufwachte und zum Fenster hinausschaute, war alles ein wenig anders: plötzlich erkannte ich schemenhaft die kahlen, dunklen Zweige eines Baumes vor dem Hintergrund der Nacht. Gebannt setzte ich mich im Bett auf: Fast unmerklich wurde das Dunkel ein bißchen weniger dunkel, kam der Kontrast der Äste etwas schärfer zur Geltung. Ganz, ganz langsam wich das Dunkel einer grauen Dämmerung, die heller und heller wurde. Die Konturen der Berge zeichneten sich am Horizont ab, ich entdeckte den Wald, konnte das Nachbarhaus ahnen.
Und auf einmal, fast nicht wahrnehmbar, ein leicht rötlicher Ton am Himmel, an Stärke zunehmend, langsam, ganz langsam – es schien, als ob das Licht die Dunkelheit Millimeter für Millimeter zurückdrängte, die Nacht nur widerwillig dem Tage wich. Rot und röter wurde der Himmel, die Berge schienen schwarz gegen den Horizont, in den Tälern lag weiß der Nebel. Ich sah gebannt zu – es war für mich eine sehr stille halbe Stunde in diesem Tagungshaus mitten im Hunsrück. Es sollte noch eine gute Weile dauern, bis der goldene Ball der Sonne

wiederum fast unmerklich Stück für Stück über dem Horizont erschien – da saßen wir dann schon beim Frühstück.

Ich blieb nachdenklich an diesem Tag. Ich hatte in letzter Zeit viel Dunkel erlebt und durchlitten – und irgendwie wartete ich immer darauf, daß plötzlich ein Licht angeht und alles Dunkel mit einem Schlag vertreibt. Dieser Morgen lehrte mich, daß künstliche Lichter plötzlich *an*gehen, aber die Lichter des Lebens nur allmählich *auf*gehen. In unseren Breiten wird aus der Nacht nicht schlagartig Tag, sondern es braucht seine Zeit, bis aus dem Dunkel Hell wird. Zwischen beiden Extremen gibt es unzählig viele graue Zwischentöne, in denen sich das Kommen des Tages ankündigt. Dies gilt umgekehrt genauso: der Tag weicht nur allmählich der Nacht.

Könnte es sein, daß ich vor lauter Warten auf das Licht die Grautöne übersehen habe, die doch zugleich das Licht schon ankündigen? Glaube ich möglicherweise, noch immer im tiefsten Dunkel zu sitzen, obwohl sich doch schon Bäume, Häuser, Menschen schemenhaft in der Dämmerung abzeichnen? Es gibt einen Übergang zwischen Nacht und Tag, zwischen Dunkel und Licht, der sich nur millimeterweise, fast unmerklich, vollzieht – und den ich selbst möglicherweise gar nicht wahrnehme.

Plötzlich war ich aufmerksam geworden auf dieses Geschehen, wie es Tag wird, einem Geschehen, das ich sicher in meinem Leben wohl schon dutzendemale gesehen und beobachtet habe. An diesem Morgen aber hatte der Sonnenaufgang seine ganz eigene Botschaft für mich.

Es braucht seine Zeit, bis es Tag wird – und die Schritte dorthin vollziehen sich fast so unmerklich, daß ich es gar

nicht wahrnehme. Die Nacht braucht Zeit, um zum Tag zu werden, das Dunkel wird nur langsam hell.
Dafür braucht es seine Zeit – und für diese Botschaft war es an diesem Morgen an der Zeit.

Dazwischen

weder Nacht
noch Tag

nicht mehr
dunkel
und noch nicht
hell

vom einen
zum anderen

vom anderen
zum einen

nichts
steht mehr
fest
alles
ist wachsen

Übergang

Gerade deshalb

Mitten unter euch steht der,
den ihr nicht kennt
Joh 1, 26 b

Wenn das Schwache
in mir leben darf
wenn ich mir
meine Sehnsucht eingestehe
wenn ich das Dunkel
aushalte
wenn das Leise in mir
in der Stille erklingt
wenn in mir
Neues heranwächst
und in die Welt drängt

dann brauche ich
die Solidarität dieses Gottes
der Kind wird

vielleicht war
Weihnachten
schon

Empfangen vom Heiligen Geist

Das Glaubensdogma von der jungfräulichen Empfängnis Marias ist für viele Christen ein Ärgernis und stößt auf absolutes Unverständnis, für andere ist es höchstes Glaubensgut und vielen, vielleicht sogar den meisten, ist es wiederum ziemlich gleichgültig.
War Josef nun „beteiligt“ oder war er es nicht?, darauf reduzieren viele relativ pragmatisch die Problemstellung. Aber so ist diese Frage falsch gestellt, so sehr das Interesse an einer klaren Antwort verständlich ist. Wir haben hier einen Text vor uns, der knapp zweitausend Jahre alt ist und der eine andere Sprache spricht, als wir sie heute gewohnt sind. Manchmal bekommt man auch heute eine Ahnung solch unterschiedlicher Sprachen, wenn man sich z. B. durch eine Gebrauchsanleitung für ein Mikrowellengerät durchkämpft oder wieder einmal ein Märchen zur Hand nimmt.
Viele alte Völker sprechen in ihren Mythen ganz selbstverständlich davon, daß Götter mit Menschenfrauen Kinder zeugen. Es will die alte Hoffnung, vielleicht sogar die Erfahrung ausdrücken, daß sich der Himmel und die Erde miteinander verbinden, daß es Grenzgänger zwischen den Welten gibt, daß es einen „Raum“ dazwischen gibt, der sowohl das eine wie das andere und zugleich keines von beidem ist. Dazu bedarf es eines Gottes, der ein Interesse an den Menschen zeigt – und Menschen, die sich von Gott berühren lassen.

Maria war unberührt, die Botschaft des Engels Gabriel trifft ins absolut Tiefe und Unendliche bei Maria hinein – und sie läßt es zu, läßt sich berühren. Daraus, aus einer solchen Berührung kann Leben wachsen, kann Neues entstehen, das vielleicht auch Mittler ist zwischen Gott und der Welt.
Maria hat sich von Gott berühren lassen – das ist die eigentliche Botschaft. Und die Konsequenzen, die aus solch einer Berührung entstehen, die sind anders existentiell als das Schlafen mit einem Mann. Sich in den Dienst Gottes zu stellen, sich alle Pläne durchkreuzen zu lassen, das ist radikal.
Die Frage, „war Josef nun beteiligt oder nicht", greift zu kurz. Das ist in dem Fall überhaupt nicht entscheidend und wichtig. Diese Berührung mit Gott hat Maria auf neue Tiefen ihres Lebens verwiesen, hat alles auf den Kopf gestellt, so daß diese junge Frau das Lied von der Macht Gottes singen kann:

Meine Seele preist die Größe des Herrn,
und mein Geist jubelt über Gott, meinen Retter,
siehe, von nun preisen mich selig alle Geschlechter.
Denn der Mächtige hat Großes an mir getan,
und sein Name ist heilig.
Er erbarmt sich von Geschlecht zu Geschlecht
über alle, die ihn fürchten.
Er vollbringt mit seinem Arm machtvolle Taten:
Er zerstreut, die im Herzen voll Hochmut sind;
er stürzt die Mächtigen vom Thron
und erhöht die Niedrigen.
Die Hungernden beschenkt er mit seinen Gaben
und läßt die Reichen leer ausgehen.
Er nimmt sich seines Knechtes Israel an
und denkt an sein Erbarmen,

das er unseren Vätern verheißen hat,
Abraham und seinen Nachkommen auf ewig.

Lk 1, 46–55

Ein solches Lied kann ich nur dann singen, einen solchen Lobpreis nur dann verkünden, wenn ich bis tief ins Innerste ergriffen bin, aufgewühlt bin, eine Begegnung mit diesem Gott erlebt habe, die wirklich „intim“ ist, über die ich nicht direkt sprechen kann, sondern nur ihre Auswirkungen, vielleicht, in Sprache bringen kann.
Wenn ich diese Erzählung so verstehe, dann finde ich, ehrlich gesagt, die Auseinandersetzungen über die Jungfrauengeburt eher nebensächlich, wenn nicht sogar schon langweilig.
Maria ist ihrem Gott begegnet – und sie hat sich darauf eingelassen. Das ist die Botschaft.

Vielleicht war es ein Engel

Gelegentlich
so ab und an
werden meine Pläne
durchkreuzt
wird meine Welt
auf den Kopf gestellt
ist nichts mehr so
wie es einmal war

dann möchte ich
ja sagen können
voller Angst
voller Ungewißheit
ohne zu wissen
was auf mich zukommt

aber doch
ja
sagen

Traum

Im Dunkel
der Nacht
rankt sich
die Sehnsucht
am
Nichts
empor
wächst
ins
Unendliche

und
blüht
und
reift
und

sprengt
das
Grau

Das andere Licht

Es war an einem Adventswochenende im vergangenen Jahr. In einem Bildungshaus leitete ich ein Besinnungswochenende für Theologiestudenten und -studentinnen. Während einer Kleingruppenarbeit schlenderte ich ein wenig durch das Tagungshaus.
Aus einem Saal erklang plötzlich das Lied: „Ein Licht leuchtet auf in der Dunkelheit". Ich wußte, daß außer unserem Besinnungswochenende an diesem Tag eine Adventsfeier für blinde Menschen stattfand. Neugierig blieb ich stehen – ob es die Blinden waren, die dieses Lied sangen?
Nach der ersten Strophe wurde es ruhig, dann sprach eine Frau laut den Text für die zweite Strophe vor – und wieder setzte der Gesang ein. „Ein Licht leuchtet auf in der Dunkelheit!"
Jemand öffnete die Tür und verließ den Raum, in dem die Blinden feierten, und ich sah brennende Kerzen auf den Tischen stehen.
Ich wurde plötzlich nachdenklich. Da waren Menschen, die wortwörtlich in der Dunkelheit sind, ohne Hoffnung, jemals wieder das Licht zu sehen. Und da sangen sie das Lied von dem Licht, das in ihre Dunkelheit kommt.
Was mochte ein solcher Text, dieses Lied für diese Menschen bedeuten? Welches Licht ist gemeint? Wie sieht das Licht für einen Menschen aus, der nicht sehen kann? Vielleicht ist es mit diesem Licht so wie mit den brennenden Kerzen, die vor den Blinden standen: Auch deren

Licht konnten sie nicht sehen, aber sie wissen, daß es brennt, für sie brennt – und wenn sie sich behutsam diesem Licht nähern, dann spüren sie seine Wärme, hören vielleicht ein leises Knistern, wenn die Flamme im Wind flackert. Ich muß das Licht nicht sehen können – aber ich muß das Vertrauen haben, daß es dieses Licht gibt.

Von diesen blinden Menschen habe ich eine neue Form des Vertrauens gelernt. Ein Licht leuchtet auf in der Dunkelheit – das Licht leuchtet auf, auch wenn ich es vielleicht nicht sehen kann, noch nicht sehen kann.

Advent

Die Sterne
kann ich nur
im Dunkel sehen

die Verheißung nur
in der Stille
hören

aufbrechen nur
wenn ich
seßhaft bin

Weihnachten
ist das Fest
des

Anderen

Absage

Als Gott
den Himmel
verließ
um die Menschen
zu suchen
ging er zu
Kranken und Toten
Besessenen und Gefangenen
Aussätzigen und Bettlern

Gott lebt mit denen
die hungrig sind

Im Stall geboren

Viele unserer Weihnachtsdarstellungen halte ich schlichtweg für falsch. Sie mögen vielleicht unsere Sehnsucht nach einer heilen Welt wiederspiegeln – realistisches Abbild dessen, was damals bei der Geburt Jesu geschah, sind sie wohl kaum.
In solchen Darstellungen lächelt Maria oft mild und hold, das Neugeborene auf dem Arm, ein hübsches kleines Kind, das vielleicht sogar schon die Arme ausstreckt. Neben ihr, eher etwas im Hintergrund, steht Josef, am Himmel kann man die Engel entdecken. Der Stall selbst wirkt ordentlich und sauber und schimmert in einem goldenen, warmen Licht.
Diese Bilder sind uns wohlvertraut, aber das Einzige, was an ihnen stimmen mag, ist wohl, daß Ochs und Esel neugierig herüberschauen – aber das war's dann auch schon.
Gott ist Mensch geworden und kam in einem Stall zur Welt. Dann können wir uns das ruhig auch ganz menschlich vorstellen. Maria, ermüdet durch die anstrengenden letzten Schwangerschaftstage, etwas ängstlich dem bevorstehenden Ereignis der Geburt entgegensehend. Schließlich die ersten Wehen, ein ziehender Schmerz, ein Stöhnen, Pressen und Schreien, das sich wehren und dann doch hineingeben in das Unaufhaltbare. Sie mag gespürt haben, wie ihre Kräfte nachlassen, dann ein fast zerreißender Schmerz – das Kind ist geboren. Zwischen ihren Beinen Fruchtwasser und Blut – und ein Säugling,

blutverschmiert, aus Protest schreiend, das kleine Gesicht rot und faltig. Erleichterung, Erschöpfung bei Maria, dann ein tiefer Schlaf …

Josef mag die Hilflosigkeit mancher Männer in dieser Situation geteilt haben, ohnmächtig dabeistehend, wenig helfen könnend, ungeschickte Handgriffe, um Maria ihre Situation ein wenig zu erleichtern. Vielleicht hat er mit etwas Stroh das Blut und die Nachgeburt vom Stallboden gewischt, hat Wasser heiß gemacht, das kleine Kind vorsichtig gewaschen, darauf geachtet, daß das kleine, schimmernde Licht der Laterne nicht ausging.

Und das Ganze nicht in einem sterilen, weiß gehaltenen Krankenhauszimmer, sondern auf dem Boden eines Stalles, notdürftig mit etwas Stroh bestreut, im Hintergrund Ochs und Esel, geruhsam ihr Heu fressend, ihr Schnauben, der Geruch, die kurze Unruhe, wenn sie sich hinlegen oder wieder aufstehen. Maria und Josef werden froh gewesen sein um die Wärme, die sie ausstrahlten. Und ich kann mir gut vorstellen, daß Josef, unruhig hin und her wandernd, immer wieder einmal über das Fell der Tiere gestrichen hat, um sie zu beruhigen, aber auch um sich selbst Trost und Vergewisserung zu holen in der kalten und dunklen Nacht.

Manche mögen bei solchen Vorstellungen den Kopf schütteln – dieses existentiell Menschliche, Blut, Schmerzen, Ausscheidungen, sind Tabu-Themen, über die man nicht spricht, höchstens vielleicht beim Arzt. Da ist irgendetwas Unheimliches darin, etwas, was sich unserer Kontrolle entzieht, was uns erbarmungslos zurückverweist auf unsere Menschlichkeit und die damit verbundene Gebrochenheit.

Gott aber läßt sich auf die Gebrochenheit des Menschen ein, läßt keine menschliche Erfahrung aus, um seine Liebe, seine Solidarität zu uns Menschen zu bekunden.

Wenn ich ganz ehrlich bin, finde ich dieses Bild von Maria und dem Kind gewaltiger und berührender als das sanfte Lächeln, das strahlende Jesuskind, den sauber aufgeräumten Stall, der eigentlich nur noch als Kulisse für schöne Weihnachtsbilder dient. Es hat etwas von „Ur-Erfahrung“ an sich, etwas von der absoluten Verwobenheit des Menschen mit der Erde, des Verwiesen-Seins auf die Elementarkräfte, die auch in uns Menschen wirken – und es hat etwas zutiefst Menschliches an sich. Wenn Gott selbst in diese Tiefen, in dieses Dunkel mit mir hinabsteigt, dann darf ich diese Menschlichkeit auch in mir zulassen. Dann darf es auch all das geben, was vielleicht ästhetisch nicht so besonders schön ist, was unangenehm ist, schmerzvoll ist – aber doch unverwechselbar zum Menschen dazu gehört.
Wenn Gott als Mensch zur Welt kommt, dann macht er es ganz.

Hingabe

Meistens wird Gott
ganz leise
Mensch

die Engel
singen nicht
die Könige gehen vorbei
die Hirten bleiben
bei ihren Herden

meistens wird Gott
ganz leise
Mensch

von der Öffentlichkeit
unbemerkt
von den Menschen
nicht zur Kenntnis genommen

in einer kleinen Zweizimmerwohnung
in einem Asylantenwohnheim
in einem Krankenzimmer
in nächtlicher Verzweiflung
in der Stunde der Einsamkeit
in der Freude am Geliebten

meistens
wird Gott
ganz leise Mensch

wenn Menschen
zu Menschen
werden

Ungewöhnlich?

kaum geboren
und schon
staunen Hirten

kaum geboren
und schon
verehren weise Männer

kaum geboren
und schon
von den Mächtigen bedroht

kaum geboren
und schon
auf der Flucht

kaum geboren
und schon
mitten im Leben

trotzdem
wird Gott
Mensch

oder
gerade deswegen?

Gott ist mit uns

Eigentlich ist Weihnachten ein unmögliches Fest.
Gott wird Mensch in einem Kind und kommt in einem Stall zur Welt. Und gerade den Schwächsten und Ärmsten der damaligen Gesellschaft, den Hirten auf dem Feld, verkünden die Engel des Himmels dies als die Erfüllung einer alten Verheißung. Soll etwa so die Geburt des Messias aussehen?
Und, seltsamer noch – da hat sich angeblich eine Verheißung erfüllt, und es geschieht erst einmal gar nichts. Die Öffentlichkeit nimmt weiter keine Notiz von dem, was da in Bethlehem geschehen ist. Die Hirten kehren zu ihren Herden zurück, sie werden noch einige Zeit über dieses seltsame Ereignis gesprochen haben, aber dann wird anderes ihre Aufmerksamkeit beansprucht haben. Maria und Josef betrachteten ihren Sohn wohl immer mal wieder mit einer gewissen Scheu, aber auch in dieser Familie wird wohl der Alltag bald eingekehrt sein.
Da erfüllt sich eine Verheißung – und fast niemand bemerkt es. Eine neue Zeit bricht an – und das Volk bekommt es gar nicht mit. Jesus, die menschgewordene Einladung Gottes zum Leben, tritt nicht in Erscheinung, verursacht keine Revolution, lebt zurückgezogen und in aller Stille bei den Menschen. Erst Jahrzehnte später tritt dieser Jesus für kurze Zeit öffentlich auf, predigt, zieht umher, heilt Menschen und verkündet die Botschaft Gottes – um schließlich am Kreuz getötet zu werden.

Da können schon Zweifel hochkommen – sieht so die Erfüllung einer Verheißung Gottes an sein auserwähltes Volk aus? Hätte man das Ganze nicht wenigstens etwas eindrucksvoller inszenieren können? Hätte Gott nicht machtvoll und prächtig zu den Menschen kommen können, so daß alle ehrfurchtsvoll seiner Botschaft geglaubt hätten und sich bekehrt hätten? Heutige Werbefachleute würden über einen solchen, scheinbar mißglückten Versuch wahrscheinlich nur resigniert die Achseln zucken.

Gottes Programm aber scheint ein anderes zu sein. Nicht Prunk und Macht, Größe und Anbetung sind gefragt, sondern eine im wahrsten Sinne des Wortes abgrundtiefe Solidarität mit dem Menschen in all seiner Gebrochenheit und Armseligkeit. Dieser Gott kommt in das Dunkel der Menschen hinein – und geht mit ihnen durch die Nacht. Und weil dieser Gott mitgeht, können die Menschen einem neuen Tag entgegengehen, weil dieser Gott mitgeht, wird es ein Morgen geben, weil dieser Gott mitgeht, wird das Leben Sieger über den Tod bleiben.

Gott nimmt das Dunkel, das Leid, die Einsamkeit, den Tod nicht wie ein freundlicher Zauberer einfach fort – damit wäre dem Menschen sein Mensch-Sein genommen.

Er will nicht den Prunk, die festlichen Gewänder, den Königsthron. All das würde ihn von den Menschen trennen. Einen König könnte man zwar verehren – zugleich aber macht einem eine solch strahlende Erscheinung das eigene Dunkel, die eigene Armseligkeit, das eigene Unvermögen nur noch bewußter.

Gott gibt seine Macht auf, um dem Menschen sein Mensch-Sein zu ermöglichen. Und deshalb bleibt er nicht unbeteiligter Zuschauer, sondern Gott geht mit, geht mit den Menschen durch das Dunkel hindurch.

Das ist die Hoffnung dieses Weihnachtsfestes und zugleich die Zusage: „Immanuel" – Gott ist mit uns. Ein machtvoller König und Herrscher wäre ein Gegenüber. Das Kind in der Krippe, der Mann am Kreuz, sind Wegbegleiter. Dieser Weg beginnt mit der Geburt im Stall, und dieser Weg hat bis heute nicht aufgehört. Das ist es, was wir in diesen Tagen feiern – die Wegbegleitung Gottes, seine Liebe zu uns Menschen, das Ahnen um die Geborgenheit in ihm, selbst wenn es in meinem Leben noch so rauh und dunkel zugehen mag.
Und das ist der Grund der Freude, Grund des Friedens – Gott geht mit. Das macht den Weg, zugegeben, nicht unbedingt leichter, aber ER ist an meiner Seite. Möglicherweise ist gerade das die Begründung für den leisen Erfolg dieser Botschaft, die zweitausend Jahre alt ist und doch nichts von ihrer Aktualität verloren hat – Gott geht mit.

Ein unmögliches Fest …

Das andere Fest

Ich habe
auf das Licht gewartet

aber vielleicht
ist das Warten
schon das Licht

ich habe
auf die Erfüllung gewartet

aber vielleicht
ist die Sehnsucht
schon die Erfüllung

ich habe
auf die Freude gewartet

aber vielleicht
waren die Tränen
schon Zeichen des Lebens

    ich habe
    auf Gott gewartet

    und ein Kind
    kommt zur Welt

Ankunft

Zu dir
du Kind in der Krippe

bringe ich
mein Dunkel
meine Schwäche
meine Sehnsucht
meine Träume

zu dir
bringe ich all das
was ich nicht habe
was ich nicht kann
was ich nicht bin

zu dir
bringe ich

mich

Gott

hier
bin
ich

Aufbruch ins Abenteuer

Vor kurzem machte mich ein Freund darauf aufmerksam, daß das deutsche Wort „Advent" ganz ähnlich klingt wie das englische Wort „adventure", also „Abenteuer". Ich weiß nicht, ob es tatsächlich der gleiche Wortstamm ist, aus dem heraus sich die beiden Wörter jeweils entwickelt haben – überrascht hat mich diese Übereinstimmung schon. Aber wenn ich näher hinschaue – Abenteuer Advent, warum eigentlich nicht?

Abenteuer – bei diesem Wort denke ich an Aufbruch, Wagniś, Mut. Da zieht einer los, verläßt das Bekannt-Vertraute, macht sich auf den Weg ins Unbekannte. Da unternimmt jemand etwas, dessen Ausgang offen ist. Da bleibt einer nicht in aller Ruhe am warmen Kachelofen sitzen – sondern da bewegt sich etwas, passiert etwas. Manchmal mag das gar nicht so ungefährlich sein. Und vielleicht liegt gerade darin der ganz eigene Reiz eines solchen Abenteuers, seine Faszination.

Advent ist die Einladung zum Leben – und Jesus ist die menschgewordene Einladung Gottes. Er gesellt sich zu den Menschen, um sich mit ihnen neu auf den Weg zu machen, auf einen Weg, der das mögliche Ziel nur ahnt. Wer sich auf eine solche Einladung zum Leben einläßt, wer sich auf den Weg macht – mit dem geschieht etwas, der bleibt nicht unberührt.

Das ist nicht immer ungefährlich. Wenn ich lebendig bin, riskiere ich Verletzungen und Enttäuschungen, muß Abschied nehmen und mich auf Neues einlassen. Manchmal mag mich der Mut verlassen, dann wieder bin ich voll überströmender Lebenslust. Ich werde einsam sein und mich umso mehr an der Begegnung mit Menschen freuen. Lachen und Weinen, Mut und Angst, Vertrauen und Verlassenheit, Trauer und Tanz, werden mich auf meinem Weg begleiten. Manchmal wird dieser Weg ins Leben nicht einfach sein – und ich werde mich dann wahrscheinlich fragen, warum ich überhaupt losgegangen bin.

Aber: Mich lockt das Leben! Ich habe die Einladung gehört und will sie nicht abschlagen. Dieses Leben ist mir geschenkt – und ich will leben! Ich will das Leben auskosten, verschmecken, mit allen Sinnen, mit all seinen dunklen und hellen Seiten, mit Freude und Lachen, mit Tränen und Protest, mit Zuversicht und Hoffnungslosigkeit. Ich will das leben, was menschenmöglich ist.

Ich will nicht vor dem Leben kneifen, weil es Unruhe in meinen gewohnten Tagesablauf hineinbringen kann. Wenn das Leben auch die Unordnung, das Chaos ist, dann sollen auch sie einen Platz in meinem Leben haben.

Weihnachten ist die Botschaft, daß mich dieser Gott zu einem solchen Weg einlädt – und daß er mich auf diesem Weg nicht allein läßt. Gott wird Mensch – und läßt sich auf all das Menschenmögliche ein. Nichts, was ich erlebe, erleide, an dem ich mich erfreue, ist ihm fremd. Er geht mit – und entzieht sich auch den dunklen Stunden nicht.

Gott lädt ein zum Abenteuer Leben – und mitten im Aufbruch weiß ich mich geborgen.

Einladung zum Leben

Wenn Gott
sein Zelt
unter den Menschen
aufschlägt

dann kann man
fast sicher sein
daß er kein
Haus wollte

dann kann man
fast sicher sein
daß Leben
zum Abenteuer wird

dann kann man
fast sicher sein
daß der Weg
durch Wüsten geht

dann kann man
fast sicher sein
daß Leben in Fülle
gemeint ist

Er wartet
auf Antwort

Wenn Angst in Aggression umschlägt

Da machen sich Männer aus dem Osten auf einen langen und mühsamen Weg und folgen einem Stern, der sie zum neugeborenen König der Juden führen soll, im Gepäck für die damalige Zeit wahrhaft königliche Geschenke: Weihrauch, Gold und Myrrhe. Sie haben offene Augen und Ohren für die Zeichen der Zeit – sie wissen sie zu deuten und handeln entsprechend.
Und dann, endlich angekommen, suchen sie zuerst dort, wo man einen neugeborenen König vermutet: dort, wo die Mächtigen zuhause sind, wo die sitzen, die das Geld haben, die die Meinungsmacher sind. Da aber weiß man nichts von einem neugeborenen König – es sind erst diese fremden Männer, die Herodes und mit ihm das ganze Volk auf die Geburt Jesu aufmerksam machen. Herodes erschrickt zu Tode – ein neugeborener König, von dem er nichts weiß? Eine neue Macht, Konkurrenz im eigenen Land, will ihm da jemand seine Macht rauben? Und das ihm, der sogar seine eigenen Söhne hinrichten ließ, aus Angst, die Herrschaft zu verlieren?
Eilig werden Schriftgelehrte und die Berater des Königs einberufen – ihre Hinweise verstärken die Vermutungen von Herodes noch. Sie verweisen auf Bethlehem, die Stadt des alten Herrschergeschlechtes Davids. Sollte etwa eine alte Macht wieder auferstanden sein? Herodes ist nicht bereit, sich seine Macht so schnell nehmen zu lassen, in die Bedeutungslosigkeit zurückzufallen. Er nimmt den Kampf auf und benutzt die drei Weisen als

seine Schachfiguren, indem er sie vor seinen Karren spannt. Er muß herausbekommen, was an diesem Gerücht stimmt – und wenn andere das für ihn erledigen können, dann braucht er sich selbst die Finger nicht dreckig zu machen. Er schickt die drei Weisen nach Bethlehem – dort mögen sie nachschauen und ihm dann wieder Bescheid geben. Aber die Angst hat sich in Herodes Herzen eingenistet wie ein Geschwür, Angst vor einer Gefahr, die er nicht kennt, gegen die er sich nicht wehren kann, Angst um seine Macht, seinen Einfluß, seine Bedeutung. Mit viel Unruhe und Bangigkeit wird er auf die Rückkehr der Sterndeuter gewartet haben. Und als er schließlich erkennen muß, daß sie ihn getäuscht haben, daß sie einen anderen Weg zurück in ihre Heimat gewählt haben, schlägt die Angst, die Unruhe, in Aggression um. Dann muß doch etwas dran sein an dem Gerücht mit dem neugeborenen König, denn wenn sie nichts gefunden hätten, wären sie doch sicher gekommen. Im wahrsten Sinne des Wortes „blind“ entschlossen, greift er zu einem entsetzlichen Mittel, um seine Machtstellung zu erhalten, und läßt alle Jungen bis zu zwei Jahren in Bethlehem und Umgebung töten. Das ist die scheinbare Lösung – die Gefahr ist ausgemerzt. Er selbst wird der Herrscher bleiben. Das Klagen und Schreien der Mütter und Väter mag ihn wenig gerührt haben, Hauptsache, er selbst hat sich seine Zukunft gesichert.

Herodes scheint diesen Kampf gewonnen zu haben – und ist doch gescheitert. Das Scheitern des Herodes ist ein doppeltes: Maria, Josef und das Kind sind längst in Sicherheit – und ein König, der seine Macht nur mit Mord aufrechterhalten kann, hat diese Macht bereits verloren, auch wenn er sie rein faktisch noch ausüben mag.

Eine Parallele zur heutigen Situation in Deutschland und zu vielen ähnlichen Situationen in der ganzen Welt bietet

sich an. Das Muster ist uralt, über Jahrtausende „bewährt“ und in vielen Kulturen bekannt: Bevor ich mich um meine Macht bringen lasse, bevor ich mich „sozial“ umbringen lasse, bringe ich lieber das um, was mich scheinbar bedroht.
Junge Deutsche, die ihre Identität lediglich über das Feindbild des „Anderen“ beziehen, greifen jugoslawische und türkische Mitbewohner an, legen Brandsätze, überfallen Asylantenwohnheime. Auch hier schlägt eine unbewußte Angst in Aggression um – das aber will keine Rechtfertigung und keine Entschuldigung dafür sein.
Zum Glück sind diese Menschen derzeit nicht an der politischen Macht – und es gilt, alles zu tun, um dies zu verhindern. Neben der wichtigen und solidarischen Aufgabe, unsere ausländischen Mitbewohner vor diesen Aggressionen zu schützen, gilt es, die Wurzeln zu bekämpfen, die zu solch einer Aggression führen, u.a. auch die Angst, daß mir hier jemand etwas wegnehmen könnte. Dazu bedarf es einer eigenen und einer nationalen Identität, in der Gelassenheit, Verständnis und Toleranz wohnen können – und eben keine Angst.
Immer dann, wenn sich zwei gegenüberstehen, bei denen die Angst in Aggression umschlägt, die Aggression wiederum die Angst schürt, dann ist der Teufelskreis komplett, ein Entkommen fast nicht mehr möglich.
Möglicherweise liegt auch gerade hier ein Schlüssel zu der Geschichte, die der Evangelist Matthäus erzählt, denn zu fragen bleibt ja schon: Warum gehen die Sterndeuter überhaupt bei Herodes vorbei, machen ihn erst aufmerksam auf das Geschehen, was ja dann letztendlich zu dem entsetzlichen Morden führt? Haben sie am Ende vielleicht doch nicht mehr dem Stern geglaubt, der sie vielleicht an Jerusalem vorbeigeführt hätte? Waren sie des Unterwegs-seins so müde, daß sie einfach froh waren,

am Königshaus angelangt zu sein? Darüber schweigt der Evangelist.
Heutige Theologen weisen daraufhin, daß Matthäus mit dieser Erzählung, die ja keine Dokumentation im heutigen Sinne sein will, Jesus als den neuen Mose herausstellt, als den neuen Retter des Volkes Israel. So wie Mose damals dem Tod der Erstgeborenen in Ägypten entgeht, so entgeht Jesus dem Morden. Und die junge Familie flieht nach Ägypten, damit der Retter des Volkes, den Prophezeiungen gemäß, aus Ägypten kommt.
Mir ist noch ein anderer Gedanke wichtig geworden: Gott greift in das Geschehen lediglich daurch ein, daß die junge Familie flieht und die Sterndeuter einen anderen Weg zurück in ihre Heimat wählen. Er hält die Aggression des König Herodes nicht auf, unterbindet das Morden nicht – aber er läßt sich nicht in den Teufelskreis von Gewalt und Gegengewalt hineinziehen. Er wählt einen anderen Weg – bis hin zum Kreuz, an dem Jesus scheinbar scheitert, weil Menschen, die um ihre Macht fürchten, diesen Mann ausschalten wollen. Gott kommt nicht mit seinen himmlischen Heerscharen, gegenüber menschlicher Aggression ist er machtlos, er steigt nicht ein in die Spirale der Gewalt. Gegengewalt würde neue Gewalt zeugen, die Aggression insgesamt nur verschlimmern.
Es gilt, sich gegen die Aggression zu wehren, aber in einer anderen Art und Weise als mit Gegengewalt. Auch die Sterndeuter wählten einen anderen Weg. Das kann möglicherweise die Aggression selbst nicht verhindern – und eine solche Machtlosigkeit zu erleben, das kann oft schlimmer sein, als selbst in die tätliche Auseinandersetzung einzugreifen. Aber das Motto ist eindeutig und zieht sich durch das gesamte Neue Testament: Keine Gegengewalt!

Zugegeben: in die heutige Zeit übertragen, wirft diese Aussage unzählige Fragen auf – und zahlreiche Menschen sind sich über diese Aussage und ihre Konsequenzen selbst schon kräftig in die Haare gekommen. Soll man einfach tatenlos zuschauen, wenn ein stärkeres Land ein schwächeres Land überfällt? Oder hat hier das andere christliche Prinzip den Vorrang, die Schwachen zu schützen? Ich traue mich nicht, darauf eine endgültige und verbindliche Antwort zu geben.

Die Antwort Jesu provoziert, überschreitet das gewöhnliche Denken, ist anders. Aber in einem Punkt ist sie eindeutig: Keine Gewalt und keine Gegengewalt.

Menschwerdung

Verheißung
ein Wort
Leben

neugierig
fremd
vertraut

lustvoll
mühsam
schmerzhaft

doch
nein
vielleicht

warum nicht
aber wenn
was dann

losgehen
probieren
fallen

und
wieder
aufstehen

Mensch
sein

Blindes Vertrauen

Seht, ich mache alles neu
Offb 21, 3 a

Wenn
Hoffnung
wie Glas
zerbricht

Pläne
durchkreuzt
werden

Träume
die Kraft
verlieren

kommt es
auf die
Wurzeln an

Heimatlos

Ich bin das Kind einer Flüchtlingsfamilie. Meine Eltern wohnten in Ostpreußen, als der zweite Weltkrieg ausbrach. Im Januar 1945, mein Vater war als Soldat irgendwo in Europa, flüchtete meine Mutter mit meinen beiden älteren Geschwistern vor den Russen. In der eisigen Kälte des Winters, zwei kleine Kinder im Kinderwagen, einen Koffer mit den wenigsten Habseligkeiten in der Hand, zu Fuß quer durch Ostpreußen, um ein Schiff zu finden, den Russen zu entgehen. Ein Kind starb bereits auf dem Weg, ein anderes schließlich auf dem Schiff, weil es keine Kindernahrung, keine Medikamente gegen Durchfall gab. Beide Kinder verloren, keinen Kontakt zum Ehemann, der irgendwo an der Front war, vielleicht auch schon gefallen, Heimat und Wohnung aufgegeben, eine ungewisse Zukunft vor Augen, kein Kontakt mehr zu Verwandten – immer in der Angst, die Russen könnten doch noch kommen. Und ein Krieg, der sinnlos zum letzten vernichtenden Schlag ausholt.

Schließlich die Ankunft in Dänemark, Monate, Jahre, in einem Internierungslager, ohne Zuhause, ohne Nachricht vom Mann, ohne ein Grab der Kinder, für das sich sorgen ließe.

Mein Vater kam in Gefangenschaft, nach seiner Entlassung nach Kriegsende verschlug es ihn in den Taunus. Mühsam wurden über das Rote Kreuz erste Kontakte zu Verwandten wieder aufgebaut – viele hatten überlebt, bei anderen machte eine lapidare Todesnachricht der Ungewißheit ein Ende. Schließlich eine Adresse, wo seine Frau sein könnte – eine erste Karte, die Gewißheit, die Frau lebt, die Kinder sind tot.

Meine Mutter konnte dann bald zu meinem Vater ziehen, einquartiert bei Leuten, die eine solche Einquartierung nicht gewünscht hatten. Mühsam, Schritt für Schritt, sozusagen Tasse für Tasse, wurde ein Hausstand wieder aufgebaut, der in Ostpreußen zurückgelassen worden war. Sicher, es gab finanzielle Unterstützung, Materielles ließ sich nach und nach ersetzen – aber da gibt es Fotoalben, die unwiederbringlich verloren sind, eine Vase, ein Bild, ein Buch, an denen besondere Erinnerungen hingen, kleine Zeichen, mit denen sich die damals jungen Leute ihre Zuneigung ausdrückten. Da gab es einen Lieblingsspazierweg, der nun nicht mehr gegangen werden konnte, ein Blick aus dem Fenster in eine Landschaft hinein, die einem lieb war – die wirklich wichtigen Dinge lassen sich mit Geld nur unzureichend wiedergutmachen. Meine Eltern haben eine Heimat zurückgelassen, die mehr ist als ein Flecken auf der Landkarte, der heute polnische Namen trägt.

Mein Bruder und ich wurden „hier“ im Westen geboren – und es hat lange gedauert, bis ich ein wenig davon ahnen konnte, was das Erleben dieser Jahre möglicherweise für meine Eltern bedeutet hat. Richtig verstehen werde ich es wohl nie können.

Manchmal überlege ich mir, wie es wäre, wenn ich heute in diese Situation kommen würde: Angenommen, es würde mich jetzt etwas dazu zwingen, unwiderruflich und möglichst rasch meine Wohnung zu verlassen, wegzugehen. Mitnehmen kann ich nur das, was in einem Rucksack und vielleicht zwei Koffern Platz hat, was ich zu Fuß „fortbewegen“ kann. Was würde ich mitnehmen?

Und wie soll ich das denn in der Eile, die geboten ist, so schnell entscheiden können?
Was ist für den Körper überlebensnotwendig – und was braucht mein Herz oder meine Seele? Kann ich es mir leisten, die Tagebücher mitzunehmen oder sind die Rentenbescheinigungen wichtiger? Lieber den Speck einpacken, der in der Speisekammer hängt – oder vielleicht doch die kleine, handgetöpferte Kuh, an der mein Herz hängt? Soll ich den dicken Pullover mitnehmen, der so schön wärmt, oder stattdessen doch lieber noch ein Fotoalbum?
Ich stelle mir vor, wie ich durch meine Wohnung haste, einen flüchtigen Blick auf die Dinge werfe, die sich in den Jahrzehnten meines Lebens hier so angesammelt haben, die mir lieb geworden sind, die mir etwas sagen. Manchmal würde ich vielleicht zögernd etwas in die Hand nehmen, es sozusagen abwägen, um es dann doch wieder in das Regal zu stellen. Es bleibt keine Zeit, Abschied zu nehmen von Bildern, Büchern, Liebgewordenem, all dem, woran mein Herz hängt: die Vernunft siegt. Und erst später werde ich mich fragen: Wird jemand die Bücher lesen, die in den Regalen standen, wird jemand die CD's hören, deren Musik mich manchen Abend begleitet hat, wird jemand die Bilder an der Wand noch einmal *liebevoll* anschauen?
Ich bin froh, daß ich mir diese Fragen derzeit nicht konkret stellen muß – und hoffe nur, daß dies so bleiben wird, daß kein Krieg, keine Umweltkatastrophe mich zu einer solchen Flucht zwingen wird. Aber ob dieser Wunsch in Erfüllung gehen wird, das weiß ich nicht – mir bleibt nur die Hoffnung.
Meine Eltern haben sich im Westen eine neue Existenz aufgebaut, es war nicht leicht und es hat Jahrzehnte gebraucht. Als Symbol der Erinnerung daran steht in mei-

ner Küche das erste Regal, das mein Vater selbst zusammengezimmert hat, der alte Küchenschrank, das erste Möbelstück, was sich meine Eltern nach dem Krieg wieder kaufen konnten. Und ich wäre nicht bereit, eines von beiden gegen eine moderne Küchenzeile zu tauschen.
Ich glaube nicht, daß jemand aus nichtigen Gründen seine Heimat verläßt. Es steckt eine subjektive, existentielle Not dahinter, die zu einem solchen Schritt zwingt. Leichtfertig läßt niemand sein Herz zurück. Objektiv gesehen, rein sachlich, mag diese Not wenig gelten – dies nimmt ihr aber nichts von ihrer subjektiven Wahrheit. Nur eine existentielle Angst, eine existentielle Not, kann einen dazu bringen, alles aufzugeben, nur um das nackte Leben zu retten.
Zugegeben: es gab und gibt auch heute Menschen, die aus solchen Situationen Profit zu schlagen versuchen, die daran verdienen wollen. Es ändert nichts an der Tatsache, daß Menschen fliehen, weil sie eine existentielle Angst verspüren. Angst vor Verfolgung, Angst vor Hunger, Angst vor Diktatur, Tod und Folter – man flieht nicht einfach so …
Im Evangelium des Matthäus läßt sich leicht über den Satz hinweglesen: „Da stand Josef in der Nacht auf und floh mit dem Kind und dessen Mutter nach Ägypten" (Mt 2,14). Manchmal kann ich ein wenig davon erahnen, was dieser lapidare Satz bedeutet – und ich werde heute immer wieder daran erinnert, wenn ich Bilder der Flüchtlingstrecks im ehemaligen Jugoslawien oder von Lagern im Sudan sehe.
Es gibt Situationen, da ist entschlossenes Standhalten nicht mehr gefragt, da kann man nur noch Hals über Kopf die Flucht ergreifen, sich und das mir Anvertraute schleunigst in Sicherheit bringen, bevor etwas noch Schlimmeres passiert. Manchmal sind die Häscher der

Macht so nah und so gefährlich, daß die Auseinandersetzung, das mutige Entgegentreten sinnlos ist – ja sogar den sicheren Tod bedeuten würde. Es gibt Zeiten, da ist mir der Tod so sehr auf den Fersen, daß ich nur noch schauen kann, daß ich möglichst viel Distanz zwischen ihm und mir aufbauen kann. Hinter dem „anderen" steht eine solche Macht, daß ich dagegen nicht die geringste Chance habe.
Ich kenne solche Situationen gut – und ich schäme mich nicht, mich ihnen gelegentlich auch durch Flucht zu entziehen, eben keine heroische Märtyrerin zu sein. Manchmal bin ich mit meiner eigenen Kraft so am Ende, daß ich einfach keinen zusätzlichen Konflikt mehr eingehen kann. Die Kraft reicht nicht mehr.
Manchmal gilt es aber auch zu flüchten, weil da etwas in mir ist, mit dem ich ganz behutsam umgehen muß, das dem kritischen Blick des Fremden noch nicht standhält, das noch so zart ist, das ich es schützen muß. Eine ganz junge Verliebtheit kann das sein, eine verrückte Idee, ein Projekt, an das ich selbst noch nicht so ganz glaube ...
Neu staune ich über Josef, diesen Mann, der immer so unscheinbar wirkt. Die Begebenheiten, die die Evangelien schildern, mögen ihn wohl auch ein wenig durcheinandergebracht haben, seine Ordnungen und Vorstellungen vom Leben durchkreuzt haben. Und da erscheint ihm im Traum ein Engel und sagt: Geh! Und dieser Mann traut dem Traum, glaubt dem Engel, ohne irgendwelche rationalen Fakten und Aussagen. Mitten in der Nacht weckt er Maria, die sicher noch von der Geburt erschöpft ist, und sagt: Wir müssen weiter! Wir müssen fliehen!
Was für ein Mann! Er beweist seinen Mut, indem er seinen Träumen glaubt, das Risiko wagt, die schlimme

Situation noch scheinbar zu verschlimmern – und mit seiner Familie flieht.
Damit aber schützt er eine neugeborene Idee vor dem Tod, gibt ihr den Raum zu wachsen und zu gedeihen, groß zu werden, bis die Zeit der Konfrontation da ist. Es bedarf viel Mutes, Märtyrer zu sein – manchmal aber bedarf es noch mehr Mutes, kein Märtyrer zu sein, damit die Idee des Lebens überleben kann. Manchmal heißt Flucht, Abstand zu sich selbst zu nehmen und zu dem, was man will – einem größeren Ganzen zuliebe.

Zurück in den Alltag

Die Erzählung von den „Heiligen Drei Königen" liest sich fast wie eine schöne Reportage von einem frühen Königshof. Diese Geschichte aber will von der Wirklichkeit erzählen und darauf weist der Schluß der Erzählung hin: Die drei Weisen gehen zurück in ihr Heimatland.
Das kann einen doch schon verwundern: nach einem so langen Weg, den sie auf sich genommen haben, nach all den Entbehrungen und Anstrengungen, nach all der Freude, die sie empfanden, nachdem sie Josef, Maria und das Kind fanden, gehen sie nun einfach wieder heim.
Wäre die Geschichte ein Märchen, dann würden sie sicher diesem neuen König einen prächtigen Hofstaat aufbauen – sie würden ihn vielleicht gegen die Nachstellungen Herodes schützen – oder sie würden ihm einfach als Berater zur Seite stehen … und wenn ihre Freude wirklich so groß war, warum sind sie denn dann nicht einfach geblieben?
Es waren wohl wirklich weise Männer, die darum gewußt oder gespürt haben, daß dieser Zeitpunkt, dieser Moment ihres Lebens gelebt werden kann und darf – aber daß er nicht festzuhalten ist – daß diese tiefe menschliche Sehnsucht nach „Angekommen-Sein", nach „Erfüllt-Sein" auf Erden nicht endgültig zu stillen ist. Und doch drängt es den Menschen danach, eben solche Augenblicke höchsten Glückes festzuhalten, in denen er um die Erfüllung seiner Sehnsucht ahnt. So läßt Goethe

seinen Faust wünschen: „Sag ich zum Augenblicke: Verweile doch, du bist so schön!“ – aus dem, was Weg und Prozeß ist, wollen wir einen Zustand machen – und wundern uns dann noch darüber, daß eben dies nicht gelingt, ja nicht gelingen kann.
Der schöne Augenblick läßt sich nicht konservieren, nicht einfrieren und haltbar machen – auf Erden folgt dem Ankommen auch immer wieder der Aufbruch …
Und ich spüre, wie schwer es fällt, mir das selbst in dieser Schärfe und Radikalität zu sagen … ich fühle die Abwehr in mir, empfinde Trotz, ein wenig Wut – und unendliche Verlassenheit …
Und doch – da jagen gleichzeitig Liedzeilen und Jesusworte, Zitate und Exodus-Gedanken quer durch meinen Kopf, und ich ahne darum, daß dieser Gedanke des „wieder-weg-gehens“ ein Schlüssel gerade zu den mir bisher so hart und unverständlich erschienenen Aussagen sein könnte …
„Wir sind nur Gast auf Erden und wandern ohne Ruh mit mancherlei Beschwerden der ewigen Heimat zu …“ wie es in einem Kirchenlied heißt … oder der Ausspruch Jesu: „Wer sein Leben gewinnen will, wird es verlieren!“ und „Laßt die Toten die Toten begraben!“. Das scharfe Wort aus dem apokryphen Thomas-Evangelium kommt mir in den Kopf: „Werdet Vorübergehende!“ und Augustinus’ Aussage: „Unruhig ist mein Herz, bis es ruht in dir!“ … das Volk Israel, in Nacht und Nebel zum Aufbruch getrieben, macht sich auf seine lange Wanderschaft …
Ob wir Christen etwa Menschen sein sollen, die ohne Heimat sind???
Das kann es ja wohl nicht heißen – aber vielleicht sind Christen Menschen, die eine *andere* Heimat haben? Die ihre Heimat in Gott suchen und sich nicht an dem vor-

läufig Irdischen festhalten? Sich nicht festhalten an Geld und Besitz, an Macht und Meinungen, an Menschen und einer Scheingeborgenheit? Oder, anders herum gesehen: Christen als Menschen, die loslassen können? Die in Offenheit für den Moment leben können, für den Kairos, der unangemeldet plötzlich da ist, für den Anruf Gottes mitten im Alltag meines Lebens …
Ja, diese scharfen Aussagen Jesu machen mir auch Angst … den Anspruch finde ich eigentlich ungeheuerlich, ja fast unmenschlich. Und gleichzeitig ist da ein Moment der Faszination, ein Ahnen um eine ganz andere Freiheit, die im Herzen wohnt, einer anderen Qualität von Leben, als ich sie bisher erfahren habe …
Jesus selbst ist ein solcher Mensch, der scheinbar ohne Heimat ist – die Flucht nach Ägypten, die Ablehnung in Nazareth, seine Aussage „der Menschensohn hat keinen Ort, wo er sein Haupt hinlegen kann“. Er bietet eine andere, eine neue Heimat an – „im Hause meines Vaters sind viele Wohnungen …“
Und ich denke an diese Heiligen Drei Könige, die auf dem Heimweg sind … die eine andere Wirklichkeit erfahren haben, eine Begegnung mit der neuen Botschaft, die sie verändert hat. Sie kehren anders in ihre Heimat heim – weil sie den Gedanken an den neuen König im Herzen tragen. Und weil sie sich verändert haben, wird nun auch ihre Heimat eine andere sein. Die Begegnung mit diesem Jesus läßt nichts mehr so sein, wie es vorher war … und genau diese Veränderung sollen wir Christen in diese Welt hineintragen, in das, was bisher unser Alltag, unsere Heimat war – die sich schon damit ändert, daß ich mich ändere …
Noch wehre ich mich ein bißchen – ich habe Angst vor den Konsequenzen einer solchen Radikalität … und ahne doch schon darum, daß, einmal auf diesem Weg, Umkehr

nicht mehr gefragt ist … die Melodie des Lebens ist im Kopf drin und will nicht mehr heraus …
Ich finde es jedenfalls ganz tröstlich, daß die Heiligen Drei Könige nicht allein unterwegs waren, sondern zu mehreren … meine Kraft kann andere stützen, und ich werde durch die Kraft anderer gestützt …

Eins ums andere

„Eine Stadt sagt nein!“
Lichterkette im Advent 1992

Wenn sich
ein kleines Licht
in der Dunkelheit
an ein
kleines Licht
in der Dunkelheit
an ein
kleines Licht
in der Dunkelheit
an ein

wächst
in der Dunkelheit
das Licht

Steh auf und iß! Dein Weg ist noch weit!

Elija geriet in Angst, machte sich auf und ging weg, um sein Leben zu retten. Er kam nach Beerscheba in Juda und ließ dort seinen Diener zurück. Er selbst ging eine Tagesreise weit in die Wüste hinein. Dort setzte er sich unter einen Ginsterstrauch und wünschte sich den Tod. Er sagte: Nun ist es genug, Herr. Nimm mein Leben, denn ich bin nicht besser, als meine Väter. Dann legte er sich unter den Ginsterstrauch und schlief ein. Doch ein Engel rührte ihn an und sprach: Steh auf und iß! Als er um sich blickte, sah er neben seinem Kopf Brot, das in glühender Asche gebacken war, und einen Krug mit Wasser. Er aß und trank und legte sich wieder hin. Doch der Engel des Herrn kam zum zweitenmal, rührte ihn an und sprach: Steh auf und iß! Sonst ist der Weg zu weit für dich! Da stand er auf, aß und trank und wanderte, durch diese Speise gestärkt, vierzig Tage und vierzig Nächte bis zum Gottesberg Horeb. *1 Kön 19, 3–8*

Es war bei einer großen kirchlichen Veranstaltung. Über Tage hinweg hatten über zweihundert Teilnehmer zusammen mit der Bistumsleitung um neue Wege in der Pastoral gerungen, versuchten Weichen zu stellen für die Kirche auf dem Weg ins 3. Jahrtausend. Es war nicht immer einfach gewesen, Ängste machten sich breit, die Unsicherheit des Aufbruchs schwang mit – und doch, ein neues Bild von Kirche setzte sich durch. Es kostete viel

Kraft, es war mühsam, sich auf den Prozeß des Dialoges einzulassen – und doch …

Während einer für mich nicht so spannenden Diskussionsrunde verließ ich den Plenumssaal, um im Foyer einen Kaffee zu trinken, um diese Fülle von Impulsen und Worten ein wenig für mich verarbeiten zu können. Ein anderer Teilnehmer schlenderte ebenfalls durch die Gänge – in den vergangenen Tagen hatten wir uns oft über Blicke verständigt, ich ahnte um Gemeinsames – auch wenn wir bisher noch keinen intensiveren Kontakt miteinander gehabt hatten.

Plötzlich kam er auf mich zu, brach ein Stück des Hefezopfes ab, den er in der Hand hielt, gab es mir und sagte: „Steh auf und iß! Dein Weg ist noch weit!"

Ich nahm das Stück Hefezopf, schaute ihn an, sagte „Danke" – und ging in den Plenumssaal zurück – betroffen, aufgewühlt, getröstet, ermutigt, durcheinander.

Ich war berührt worden – und in mir brach etwas auf. Ich habe mich berühren lassen – und ich ahnte um neuen Aufbruch. In mir war etwas aufgebrochen – und ich ahnte die Konsequenzen. „Steh auf und iß – dein Weg ist noch weit!" – es würde damit nicht unbedingt einfacher werden. Der Weg *ist* weit, der Weg zu einer neuen Kirche, einer anderen Gesellschaft, der Weg zu den Menschen, zu mir, zu Gott – aber da gibt es Menschen, die mir Brot und Wasser hinstellen, damit ich mich stärken kann für diesen Weg, Menschen, die Brot und Wasser sind.

An diesem Vormittag, das Stück Hefezopf in der Hand, verwirrt, aufgewühlt, getröstet, habe ich existentiell gespürt, was „Sakrament“ eigentlich bedeutet – Einladung zum Aufbruch, Brot für den Weg – und einer, der mir das zusagt.

Seltsam getröstet

Gott wird alle Tränen
von ihrem Gesicht abwischen
Offb 21, 4 a

In die Wüste geflüchtet
weil in mir selbst
Wüste ist

abgeschlossen mit dem Leben
suche ich mich
im Tod

hoffnungslos verzweifelt
weine ich mich
in einen kraftlosen Schlaf

Steh auf und iß
Wasser und Brot
Einladung zum Leben

und heilender Schlaf
in dem die Kräfte wachsen
ins Morgen hinein

vom Flügel des Engels
sanft berührt

wächst der Mut
zum Leben

Nicht mehr allein

Gott
du großer Gott
ein Kind im Stall

du brichst in mein Dunkel herein
teilst meine Ohnmacht
stellst dich mir Schwache
zur Seite

du weckst meine Sehnsucht
du färbst meine Träume
wartest mit mir auf den Anbruch
des Morgens

du lehrst mich suchen
machst Mut zum Aufbruch
lädst ein zum Leben
und gehst mit

Weihnachten

ein Weg fängt an

Segenswunsch

Dein Friede
möge auf uns
herabkommen

dein Friede
möge uns
erfüllen

dein Friede
möge uns
unruhig machen

dein Friede
möge uns
sehnsüchtig machen

dein Friede
möge uns
Mut zum Dunkel geben

dein Friede
möge uns
Lust am Leben machen

dein Friede
möge uns
Vertrauen lehren

dein Friede
möge uns
auf die Suche schicken

dein Friede
möge Antwort
auf meine Fragen sein

dein Friede
sei mit uns

Anmerkungen

S. 26 Der Text „Von der Kraft des Wünschens“ ist eine geringfügig überarbeitete Fassung einer Radiosendung „Zum Sonntag“ in S 2 am 6. 12. 1992.

S. 100 Der Text „Zurück in den Alltag“ ist eine überarbeitete Fassung einer Radiosendung „Zum Sonntag“ in SWF 2 vom 6. 1. 89.